SOBRETUDO
DE
PROUST

Lorenza Foschini

SOBRETUDO DE PROUST

*História de
uma obsessão literária*

Tradução de Mario Fondelli

Rocco

Título original
IL CAPPOTTO DI PROUST

Copyright © 2010 *by* Lorenza Foschini

Todos os direitos reservados. Nenhuma parte desta obra pode ser reproduzida no todo ou em parte sem autorização do editor.

Fotografias: cortesia da autora.

Direitos para a língua portuguesa reservados com exclusividade para o Brasil à
EDITORA ROCCO LTDA.
Av. Presidente Wilson, 231 – 8º andar
20030-021 – Rio de Janeiro – RJ
Tel.: (21) 3525-2000 – Fax: (21) 3525-2001
rocco@rocco.com.br/www.rocco.com.br

Printed in Brazil/Impresso no Brasil

preparação de originais
CARLOS NOUGUÉ

CIP-Brasil. Catalogação na fonte.
Sindicato Nacional dos Editores de Livros, RJ.

F854s	Foschini, Lorenza Sobretudo de Proust: história de uma obsessão literária/ Lorenza Foschini; tradução de Mario Fondelli. Rio de Janeiro: Rocco, 2012. 14 x 20 cm Tradução de: Il cappotto di Proust ISBN 978-85-325-2720-2 1. Proust, Marcel, 1871-1922. 2. Guérin, Jacques. 3. Escritores franceses - Biografia. I. Título.
11-8128	CDD-848 CDU-821.133.1-94

Para a minha família
uma bizarra história de família

Prólogo

Este não é um conto imaginário; tudo aquilo que nele é descrito realmente aconteceu. Os protagonistas desta história existiram de verdade. Mas, ao reconstituir os acontecimentos, ao ler as cartas, na hora de conhecer mais de perto as pessoas que os viveram, descobri a importância que até os mínimos detalhes podem ter. Objetos sem valor, móveis de gosto duvidoso, até mesmo um velho sobretudo puído. As coisas mais comuns, com efeito, podem revelar cenários de inesperada paixão.

I

Le beau est toujours bizarre
CHARLES BAUDELAIRE

Pegam a caixa de papelão. Puxam-na para fora e começam a baixá-la com cuidado, mas com desinteressada isenção, como se exumar aquelas pobres coisas não fosse tarefa deles. Eu estou ali, de pé, no grande aposento iluminado pela luz fria do neon. Como um parente chamado a reconhecer o cadáver de um ente querido.

Colocam a caixa em cima da mesa no meio da sala. Levantam a tampa e, de repente, o cheiro de cânfora e naftalina invade as minhas narinas. Logo a seguir, monsieur Bruson e o ajudante parecem ficar vestidos de branco, dois fantasmas gesticuladores, de braços levantados, abanando cândidas folhas de papel.

Aproximo-me devagar, dando curtos passos. Chego perto da mesa, sorrindo de constrangimento. O sobretudo está diante de mim, acomodado no fundo da caixa, em cima de uma folha branca que quase parece um lençol, enrijecido pelo forro de papel que a preenche: parece realmente vestir um morto. Das mangas, elas também estofadas, saem tufos de papel de seda. Debruço-me mais, curvando-me em cima da tampa de metal onde está colocada a caixa, tenho a impressão de estar vendo um boneco sem cabeça e sem mãos. Cheio, corpulento, de barriga saliente. Sinto-me constrangida devido à presença de monsieur Bruson, que, com ar educado, procura não olhar ostensivamente para mim. Mas, eu sei, de soslaio continua me espiando com curiosidade.

Não conseguindo resistir, passo de leve a mão na lã cinza-rolinha, puída, gasta na bainha da lapela.

É um sobretudo trespassado na frente, fechado por uma dupla fileira de botões que alguém mais magro, no entanto, tirou da posição original. Dá para ver que o fecho ficou mais apertado, mas ainda são visíveis as marcas de onde os botões haviam sido antes costurados. Um buraco assinala a falta do botão que devia fechar o colarinho, e na lapela de pele preta está presa, com linha vermelha, uma etiqueta branca. Seguro-a, não há nada escrito. Desabotoo o sobretudo em busca de alguma pista, o nome da loja ou do alfaiate, nada.

Torno-me atrevida, revisto os bolsos: nada. Monsieur Bruson parece impaciente, mas não consigo afastar-me daquele simulacro inerte e patético. O sobretudo, a esta altura, jaz aberto, mostrando o forro interno de lontra, puído e carcomido pelas traças. Não consigo sair dali. Afinal, só se passaram alguns poucos minutos, e diante de mim está o sobretudo em que Proust se envolveu durante anos, que ficava sobre os cobertores enquanto ele, deitado, escrevia a *Recherche*. Voltam à minha memória as palavras de Marthe Bibesco: "Marcel Proust veio sentar-se diante de mim, numa pequena cadeira dourada, como se estivesse saindo de um sonho, com seu sobretudo forrado de pele, o rosto dolorido e os olhos que viam a noite."

Agradeço a Monsieur Bruson, que, com delicadeza, volta a arrumar o sobretudo, enchendo-o novamente de papel, abotoando-o, cobrindo-o com as grandes folhas brancas de papel de seda e fechando a caixa, finalmente, com a comprida tampa de papelão. Levanta-a e guarda-a de novo na última prateleira da estante de metal. Antes de ir embora, dou mais uma olhada para trás. Num lado da caixa, com grandes caracteres de uma hidrográfica preta, está escrito: "Manteau de Proust".

Atravesso novamente o bonito pátio do Carnavalet e passo pela saída lateral, por onde tinha entrado graças à gentil amabilidade do diretor, Jean-Marc Léri, no número 29 da rue de Sévigné.

II

Tudo começou com uma entrevista que realizei para a televisão. O convidado era Piero Tosi, o grande figurinista de Visconti. Naquela tarde, na sua casa não muito longe da Praça Navona, contou-me toda a sua vida e a sua extraordinária experiência. No fim, apesar de já ser tarde, não consegui resistir à tentação de perguntar acerca de Proust. Eu sabia que, logo no começo da década de 1970, Visconti lhe confiara a tarefa de procurar os ambientes mais próprios no intuito, em seguida esquecido, de rodar um filme sobre a *Recherche*. Tosi, apesar do seu natural comedimento, começou a contar com fartura de detalhes: "Estávamos muito animados, esperávamos que o projeto pudesse finalmente realizar-se. Luchino já entrara em contato com os grandes nomes do cinema mundial. Falava-se de Laurence Olivier, de Dustin Hoffman, até mesmo de Greta Garbo, atores de fama internacional cujos nomes facilitariam a busca de financiamentos, mas eu tinha lá minhas dúvidas. Lila de Nobilis, a grande figurinista que eu muito admirava, dizia: 'Não é possível. Fazer Proust é absolutamente impossível. O cinema é uma coisa concreta. Não se pode enxertar nele a lembrança'. Mas Visconti estava decidido, e enviou-me a Paris para pesquisar os lugares e as eventuais locações de filmagem. Encontrei a sobrinha, Suzy Mante-Proust, e vários aristocratas que conheceram os modelos que inspiraram personagens como a duquesa de Guermantes e o barão de Charlus. Falava longamente com eles, sem nunca conseguir arrancar alguma coisa útil. Então, certo dia, mencionaram um cavalheiro cujo nome não lembro... mas devo ter guardado, em algum lugar, o seu cartão de visita, pois lembro bem que nunca o joguei fora. Disseram que era um colecionador de manuscritos de Proust e que poderia me ajudar."

Piero Tosi encontrou o endereço. Pediu para ser recebido e foi encontrá-lo. Para chegar ao seu escritório, teve de enfrentar uma viagem, uma verdadeira viagem, pois se tratava de um lugar nos subúrbios de Paris. Chegou ao entardecer e deteve-se diante da porteira. "Lembro", contou-me, "um muro de tijolos, um jardim de castanheiros-da-índia, um laboratório. O cavalheiro era dono de uma fábrica de perfumes. Recebeu-me no seu escritório, um grande aposento de paredes rosa, cercado de prateleiras cheias de amostras de sabão. O ambiente cheirava a alfazema e violeta. Estava sentado à mesa de trabalho. Pareceu-me uma grande ave noturna, preta, fantástica. Falava um francês antigo, maravilhoso, sublime."

O homem atrás da mesa expôs a Tosi um relato extraordinário: o amor por Proust coincidira com sua enfermidade. Contou que, num longínquo verão em Paris, foi acometido por um ataque de apendicite: chamaram o médico; o cirurgião, que se chamava Robert Proust, voltou especialmente de Vichy, onde estava passando férias. Depois da operação, voltou a encontrar o médico e teve a oportunidade de ver os cadernos escritos à mão pelo lendário irmão. A sua paixão por Proust cresceu até tornar-se uma verdadeira necessidade: começou a procurar tudo o que tinha a ver com o escritor. Entrou em contato com a família, com os parentes, os amigos.

Lia os necrológios do *Figaro* e, quando morria alguém que poderia de alguma forma ter sido parte do mundo proustiano, ia correndo para o enterro, insinuava-se na igreja, fingia ser um parente. Identificava a pessoa que poderia ser interessante, aproximava-se, estabelecia um relacionamento, pedia informações. O figurinista ouvia-o boquiaberto.

No fim daquele inesquecível encontro, o homem explicou a Tosi que tinha recolhido os móveis do quarto de Proust (que depois doou ao Museu Carnavalet) e que também possuía o famoso sobretudo, o sobretudo que Marcel vestira em suas aventuras e desventuras, e que lhe servia de cobertor quando escrevia de noite.

A Tosi, tudo aquilo parecia impossível, estava sem palavras, mas o cavalheiro "levantou-se e tirou de uma prateleira uma caixa presa com um barbante. Sacou dela um sobretudo de lã, quase preto, cinza-escuro, com forro de lontra". Descreve-o detalhadamente, com o olho do grande figurinista.

– Como foi que o senhor conseguiu este sobretudo? – perguntou. E o homem contou uma história que parecia inverossímil.

A esta altura, já era tarde e me despedi de Piero Tosi, fascinada pelo seu relato e, principalmente, cheia de curiosidade.

Na manhã seguinte, fui acordada por um telefonema dele, gentil, discreto, de poucas palavras: "Encontrei o cartão de visita. Guérin. O nome é Jacques Guérin."

III

Violette Leduc, que o tinha amado com um amor impossível, descreve Jacques Guérin na época do primeiro encontro com ele. Havia sido levado por Jean Genet à casa dela, no número 20 da rue Paul Bert, no pequeno cômodo onde morava, bem perto da Bastilha. Um único aposento iluminado por uma única janela, que dava para as lixeiras na rua. A escritora viu entrar um homem alto, elegante, "tiré à quatre épingles". Um leve tique levava-o a ajeitar continuamente os óculos no nariz, com as bonitas mãos muito bem cuidadas. Nos punhos da camisa, usava abotoaduras de ouro em forma de castanha, e uma colcha macia de cabelos negros, curtos, emoldurava o rosto alongado, bonito mas distante, iluminado por olhos azuis vagamente sonhadores e míopes. Seus modos eram extremamente educados, embora pudessem parecer frios devido à timidez.

Esse encontro aconteceu em 1947, mais ou menos doze anos depois da história que estou a ponto de contar.

Mas é o primeiro testemunho, além de algumas fotos que encontrei sobre seu aspecto e seus modos, desse homem cuja existência, até então, eu ignorara.

A autora de *La Bâtarde* se apaixona por Guérin. Um amor impossível devido aos gostos de Jacques. Violette reencontra nele a sua própria condição de "bastarda", de filha natural não reconhecida. Uma marca que representará, para ambos, por toda a vida, um vazio impossível de ser preenchido.

Jacques nasce em Paris em 1902, filho de uma mulher bonita e elegante, Jeanne-Louise Guérin. A dama se casara em 1890 com Jules Giraud, um abastado homem de negócios que comerciava vinhos, muito apaixonado pela mulher, mas incapaz de demonstrar esse amor. Era impotente. Ao longo do casamento, ela se tornara amante de um amigo do marido, Gaston Monteux, um judeu muito rico, o rei das lojas de sapatos Raoul, por sua vez regularmente casado e com filhos.

Em 1900, Jeanne-Louise decide viver livremente a sua história de amor, separa-se do marido e vai viver sozinha, fica grávida e põe no mundo dois meninos, Jacques em 1902 e Jean em 1903, mas não fica com eles. As convenções sociais não permitem. Os meninos crescem nos arredores de Paris, entregues aos cuidados de uma babá das Antilhas, mas continuam a ver a mãe e o pai.

Segundo o que o próprio Jacques contará ao amigo escritor Carlo Iansiti, minha principal fonte para este relato, os pais se amam apaixonadamente e, mesmo não convivendo, encontram-se todos os dias. A correspondência (que Jacques destruirá após a morte da mãe) revelará que entre os dois havia uma concordância sexual extraordinária. Quando Gaston Monteux fica viúvo, em 1924, o filho, que afinal de contas é um conformista, fará com que os dois se casem. Jeanne-Louise se veste na maison Paul Poiret, mora no Parc Monceau, numa casa elegante e cheia de obras de arte, frequenta o ambiente dos artistas. Erik Satie compôs *Tendrement* por ela. Gaston Monteux também é amante das artes. Podemos vê-lo numa foto com Jacques, na sua casa da Côte d'Azur, no jardim enfeitado com estátuas de Modigliani; ao lado dele e do filho, aparece o amigo Picasso.

O personagem mais interessante, no entanto, é sem dúvida alguma madame Guérin, não só corajosa e inconformista (o seu divórcio foi um verdadeiro escândalo, na época), mas também mulher de negócios, chefe de indústria, que com suas escolhas atrevidas desafiou toda convenção e que, na década de 1920, soube transformar-se numa verdadeira mulher *manager*.

Em 1916, adquire, em sociedade com Théophile Bader, um dos fundadores das Galeries Lafayette, a Compagnie Française des Parfums d'Orsay. São os anos em que surgem e se afirmam os grandes nomes do setor, como Guerlain, Coty, Houbigant. Os negócios da dama vão bem, e ela decide expandir-se mudando a fábrica de Neuilly para Puteaux-sur-Seine, justamente no castelo onde morara o cavaleiro d'Orsay, o famoso dândi. Ao lado da encantadora morada do século XIX, há uma grande construção de dois andares de amplas vidraças, com imponente fachada e duas alas laterais, cercado por um parque de árvores seculares: é ali que se instala a fábrica.

Jacques é enviado a Tolosa, para estudar química, e ao voltar ficará ao lado da mãe na direção do laboratório para aprender os segredos de um ofício que dentro em breve se tornará só dele.

A empresa d'Orsay, onde trabalhará por mais de sessenta anos, é um lugar particularmente sugestivo. Ao entrar, logo depois da porteira, a pessoa tem a impressão de penetrar um estranho jardim onde o perfume inebriante não vem das flores e da vegetação, mas sim das janelas do laboratório, que emanam sopros de jasmim, rosa e violeta.

Na década de 1920, a fábrica dava trabalho a cerca de quinhentas pessoas. Há até uma tipografia, um setor de caixas de embalagem e um serviço de expedição. No laboratório, o local mais importante é *la salle des estagnons*. Ali, operários e químicos de jaleco branco cuidam de setenta e cinco cilindros de metal reluzente, nos quais são guardadas as essências que, depois de controladas e analisadas, são misturadas segundo uma fórmula secreta, da qual cada um só conhece uma parte, e onde, no álcool especificamente destilado para este fim, são decantadas pelo tempo necessário para a obtenção de uma perfeita homogeneidade. Há o grande aposento cheio de luz onde as mulheres cuidam da *triage des roses*, a escolha das pétalas brancas, amarelas, laranja e carmesim que, depois de limpas, são reunidas em amplas cestas de vime. E há o *sancta sanctorum*, o "órgão". Um móvel semicircular dentro do qual são guardados os vidrinhos a que o perfumista recorre na hora de fazer suas pesquisas. Quem tem a sorte de possuir uma particular sensibilidade olfativa, uma formidável memória de cheiros e longos anos de prática é chamado de "o nariz".

"O nariz" não passa um só dia sem treinar, como um músico que nunca para de se exercitar, até tornar-se um mago capaz de reconhecer e combinar mais de três mil fragrâncias diferentes para alcançar a perfeita harmonia.

Quando a essência fica pronta, nem sempre "o nariz" acha o resultado satisfatório, às vezes tem a impressão de que está faltando alguma coisa, aquele toque especial para acentuar a sua "personalidade". Às vezes passam-se dias, noites, e, a certa altura, aquele algo mais aparece com naturalidade, para coroar o esforço de longos meses de trabalho.

Não bastam as regras da química pura para conhecer e notar, para evitar as reações e as mutações de certas substâncias e de certas essências. É preciso ter uma verdadeira ciência olfativa, que serve para determinar a precisão das fragrâncias e principalmente o ponto de compatibilidade que produzirá a entidade olorosa que chamamos de perfume.

Durante o "reinado" de madame Guérin, nascem essências que dão a volta ao mundo: La Finette, L'Ambrée, L'Aveu, Le Charme d'Orsay, Le Chevalier à la Rose e, principalmente, Le Dandy. O vidro deste perfume retrata o gosto da época e o requinte de Jeanne-Louise. É uma pequena garrafa de cristal opaco de Baccarat preto, modelo diamante, cortada de forma octogonal, com tampa no feitio de uma grande pérola e rótulo dourado. Foi desenhada em 1916 por Louis Süe e André Mare, na mesma época em que os dois arquitetos planejaram a decoração da loja d'Orsay em Paris, no número 17 da rue de la Paix (justamente onde agora se encontra Dunhill), e da de Nova York, na Quinta Avenida.

Em 1936, Jeanne-Louise compra todas as ações, e logo a seguir Jacques passa a dirigir a sociedade. A firma está passando por um momento de crise, mas ele consegue dar-lhe novo impulso com coragem e habilidade. Ao ficar muito velho, preferirá não falar no assunto. A finalidade da sua existência não era só aquela, e as lembranças que guardará até o limiar dos cem anos serão de tipo totalmente diferente. Mesmo assim, muitas das suas escolhas de vida, das suas paixões, do seu desejo de encontrar e salvar "raridades" com um intuito todo especial surgiram justamente desta experiência.

A verdadeira paixão de Jacques é outra: os livros raros, os preciosos manuscritos, os papéis autografados de artistas que ele "percebe" como gênios. Recusa o rótulo de bibliófilo, a sua tendência de colecionador é feita de outros elementos, entre os quais uma boa dose de investigação e um acentuado pendor para os negócios. Com a idade de 20 anos, no entanto, já é conhecido por essa paixão, tanto assim que o velho amigo da família Erik Satie, em 1º de agosto de 1923, escreve uma nota para ele: "Ao meu querido amigo Jacques Guérin, o fascinante bibliófilo. Do seu velho amigo: ES."

Jacques só tem 18 anos quando faz a sua primeira compra: o *L'Hérésiarque* de Apollinaire, na edição original. O autor é praticamente um desconhecido, e Jacques leva esse e outros manuscritos por quase nada, cem francos da época. Já velho, lembrará com orgulho esse primeiro negócio, salientando que alguns anos depois só seria possível ficar com aquelas raridades desembolsando milhões de francos. Para um filho de industriais, não podemos negar, aquele era um prazer impagável. De Apollinaire, também possui um retrato todo especial que Picasso lhe fizera na frente de batalha italiana, durante a Primeira Guerra Mundial. Jacques conhece muito bem o pintor: a mãe, além de alguns nus de Modigliani, tinha muitos quadros dele. Guérin não gosta particularmente do artista, mas reconhece os seus dotes excepcionais de autopromoção, considera-o um excelente vendedor de si mesmo. Certo dia vai visitá-lo em seu ateliê, onde está justamente o retrato de Apollinaire. Não acha a obra grande coisa, e a louva por mera educação. Picasso tira a página do calhamaço e dedica-a "a Jacques".

Com o passar dos anos, amadurecendo, torna-se um homem fascinante, requintado e culto, aparentemente altivo, misógino e autoritário, com o gosto pelo segredo e o amor pelas coisas escondidas. Às vezes, é cortante e cáustico, mas com aquela sensibilidade e delicadeza que muitas vezes é atribuída aos homossexuais.

Durante o dia, nas longas horas na firma, exerce o seu papel de industrial, acompanha de perto os químicos que trabalham como alquimistas entre mil ampolas. Junto com eles vai testando, comparando, escolhendo as essências, organizando-as naquela "memória olfativa" da qual é particularmente provido, mas que prefere orientar para livros raros e manuscritos. Nesta procura, talvez seja estimulado pelo fato de saber, como escreve Proust, que "o que torna para nós translúcido o corpo dos poetas e nos deixa perceber sua alma não são seus olhos, nem os acontecimentos da sua vida, mas sim seus livros, para onde justamente aquela parte da sua alma que, por desejo instintivo, queria perpetuar-se se mudou a fim de sobreviver à sua caducidade".

IV

Jacques, assim que termina o expediente, muitas vezes volta a Paris no seu Buick, modelo 1929, conversível, verde pálido. Gosta de perambular pelas livrarias antiquárias, de procurar, de fuçar com aquele "nariz" que, como já vimos, é indispensável na hora de escolher. A sua primeira parada costuma ser na rue de la Paix, no número 17, onde fica a elegante loja da Maison d'Orsay. A boutique se encontra exatamente na esquina da rua, e é a primeira a ser notada por quem chega da Opéra. A fachada é majestosa e, ao mesmo tempo, requintada. Revestida de mármore estriado, tem uma pequena entrada que contrasta com a imponência das vitrinas, duas na rue de la Paix e cinco na rue Daunou. As vitrinas, encastoadas no mármore, são encimadas por uma moldura de ramagens floridas, grinaldas de frutas, panejamentos esculpidos em bronze no mais puro estilo art déco. No interior, Süe e Mare deram asas à imaginação enriquecendo a decoração com móveis de madeira vindos do Oriente.

Certo dia de 1935, dando a costumeira volta, Jacques acaba no Faubourg Saint-Honoré e, bem diante da loja de Hermès, vê uma livraria na qual nunca reparara antes. (Essa é a fiel reconstituição dos fatos conforme Guérin a relatou a Iansiti, que a reproduziu num artigo publicado pelo *Figaro Littéraire* vinte anos atrás). Entra e começa a dar uma olhada curiosa nas prateleiras. O dono aproxima-se, prestativo:
– Posso ajudar? Está procurando algum autor em particular?
– Nada de muito específico: Baudelaire, Apollinaire, Proust...
O livreiro, que se chama Lefebvre, faz um gesto de agradável surpresa:
– Que coincidência mais estranha, justamente alguns poucos minutos atrás comprei uns *brouillons*, uns esboços corrigidos à mão, e umas cartas de Marcel Proust. Quem me vendeu acaba de sair. Também me ofereceu a estante e a escrivaninha de Proust, mas eu não comercio móveis e... de qualquer maneira, voltará daqui a pouco para receber o seu cheque. Espere por ele, se quiser, fique à vontade. Eu vou precisar de alguns dias para examinar os manuscritos e catalogá-los, e então terei o maior prazer de vendê-los ao senhor.

Jacques adora Proust, começou a lê-lo quando tinha 20 anos e nunca mais parou, desde o dia em que a sua vida cruzou com a família do escritor. Tudo por causa de uma apendicite que talvez nem existisse.

É o verão de 1929, está passando mal. Chamam Robert Proust, o irmão de Marcel. Robert, que é cirurgião, decide operá-lo. A cirurgia acontece no hospital da rue Boileau. Algumas semanas depois, como era costume naquele tempo, o jovem vai à casa do médico para agradecer e pagar o que lhe deve.

Toca a campainha do número 2 da avenue Hoche. Entra num grande apartamento, decorado segundo o gosto burguês da época, discutível mas luxuoso como convém a um cirurgião de clara fama. Jacques observa com reprimido horror as poltronas "cabriolet" de encosto levemente côncavo, as tapeçarias bucólicas, os quadros nas paredes que lhe parecem horrendos, acostumado que é com os Soutines e os Courbets da sua casa. O escritório do médico também é deprimente, escuro, decorado com pesados móveis do fim do século XIX. Uma imponente escrivaninha preta e uma sombria estante envidraçada e ornada com uma fina lista de latão chamam a sua atenção pela insustentável gravidade. O médico repara no olhar do paciente e o interpreta errado, acha que é de admiração:

– Saiba – indica com orgulho – que a escrivaninha e a estante eram de Marcel, e antes dele, do meu pai, o professor Adrien Proust. O meu irmão gostava muito, e eu as guardo com devoção.

O médico está a par da admiração do jovem pelo irmão escritor e, para agradar-lhe, abre uma das quatro portinholas envidraçadas da estante e aponta para uma volumosa pilha de cadernos manuscritos amontoados de qualquer jeito: a obra completa de Marcel Proust, escrita à mão nas longas noites insones, está diante dos olhos de Jacques, arregalados atrás das espessas lentes de míope cuja leve armação dourada está sendo contínua e nervosamente ajeitada no nariz. O médico tira o caderno de cima da pilha e o entrega ao jovem paciente: um arabesco de palavras, canceladuras, acréscimos, apostilas, anotações à margem. Uma catedral de vogais, consoantes, maiúsculas, minúsculas, traços, setas, chamadas aparece diante de Jacques, que examina com paixão aquela escrita enviesada, irregular, seca, traçada de forma que preenchesse todos os espaços. Uma grafia meio deitada, embrulhada, descendente, apressada.

A mão de Proust percorrera aqueles papéis nas horas de vigília, até a palavra "fim", escrita ao alvorecer de mais uma noite de trabalho, com traços cada vez mais descontínuos (escrevia na cama, às vezes segurando o caderno aberto numa das mãos, no ar, e a caneta na outra), como conta a sua governanta Céleste, naquela incansável luta contra a doença à qual não opunha remédios ou tratamentos particulares, mas somente aqueles papeluchos espalhados por todas as partes, na cama, no tapete, e que Céleste guardava amorosamente.

Na hora deste encontro, Marcel Proust morreu há apenas sete anos, mas a sua vida e o seu fim já se haviam tornado uma lenda. Guérin ouviu falar da vida excêntrica do escritor: o aposento forrado de cortiça do Boulevard Haussmann, o gelo do quarto da rue Hamelin, "uma toca que só abriga uma cama", como a descrevia numa carta a Montesquiou, onde os aquecedores permanecem desligados para não piorarem suas crises de asma. Onde as vigílias noturnas servem para completar a obra numa incessante competição com a morte, a estrangeira que Marcel dizia ter-se instalado no seu cérebro, que ia e vinha e que, pela sua maneira de portar-se, já deixava entender os seus hábitos. "Uma locatária solícita demais", como a definira, que tinha pressa de estabelecer com ele um contato direto. "Fiquei surpreso ao ver que não é bonita, sempre achei que a morte fosse bela: como poderia ganhar de nós, de outra forma? De qualquer maneira, parece que por enquanto se afastou. Não por muito tempo, é claro, a julgar por aquilo que deixou atrás de si" — assim escreveu no prefácio de *Tendres Stocks*, de Paul Morand.

É numa dessas ausências da "locatária solícita demais" que Proust consegue concluir a sua obra, escrever aquela palavra "fim" que agora Jacques vê reluzir na página amarelada de um velho caderno.

— Esta noite aconteceu uma coisa formidável — anunciara Marcel à governanta naquela primavera de 1922, ao acordar às quatro da tarde. Normalmente, nada dizia, mas naquela tarde se virara para ela e a cumprimentara dizendo:

— Pois é, minha cara Céleste, vou lhe contar. É uma grande notícia. Esta noite escrevi a palavra "fim". Agora já posso morrer.

— Não diga isso, meu senhor. Está me parecendo feliz demais, e eu mesma fico contente com que tenha conseguido levar a cabo o que queria! Mas, uma vez que o conheço, receio que não tenha acabado de colar aqueles pedacinhos de papel ou de acrescentar mais correções.

– Esse é outro assunto, Céleste; o importante é que a partir de agora não preciso me preocupar. Não terei gasto a minha vida em vão.

Pois essa era a finalidade da sua vida, a razão pela qual gostava de repetir a admonição de São João preferida por Ruskin: "Trabalhem enquanto tiverem luz."

Jacques, que encontra habitualmente artistas e escritores, juntou anedotas, particulares, detalhes sobre os últimos meses de vida de Proust, animados pela pressa de concluir a obra numa competição com o tempo e com a morte, que ele sentia à espreita. É por isso que agora, no escritório do irmão, vendo aquela palavra "fim" que sobressai, mesmo em sua minúscula e irregular composição à margem da página, compreende plenamente o seu sentido e a sua natureza. E talvez até sinta uma ponta de inveja diante do privilégio que o médico tem de possuir algo tão precioso por ser ao mesmo tempo íntimo e universal. Um impulso que o leva a buscar um contato mais familiar com Robert, na tentativa de tirar dele algum fragmento de lembrança, algum momento de intimidade, uma vez que o cirurgião teve a prerrogativa de ser o irmão de um gênio.

É o vício do colecionador querer tocar e manter entre os dedos páginas que se tornaram preciosas pela raridade.

– O senhor deve certamente possuir a edição original do *Du côté de chez Swann*, a que o seu irmão foi forçado a financiar do seu próprio bolso junto de Grasset, depois que todos os outros editores se recusaram a publicá-la. Acredito que deve ter-lhe dado de presente. Posso vê-la? O médico olha para ele surpreso, não entende a razão do pedido. Ofereceu-lhe o privilégio de ter entre os dedos um caderno escrito à mão por Marcel, uma verdadeira relíquia, e Jacques está pedindo uma velha edição.

– Não, sinto muito, senhor Guérin, não tenho o volume que o senhor gostaria de ver.

A resposta um tanto ríspida deixa o jovem perturbado. Agradece ao médico e se despede. Ao afastar-se da casa da avenue Hoche, remói, surpreso, as últimas palavras do doutor, perguntando a si mesmo, com sua inabalável curiosidade, qual seria de fato a natureza do relacionamento entre os dois irmãos.

São essas lembranças que voltam à sua mente naqueles poucos minutos de espera na livraria do Faubourg Saint-Honoré. Umas poucas semanas antes, em 29 de maio, leu a notícia da morte de Robert, e agora lá está ele, por um estranho acaso do destino, esperando alguém que o porá novamente em contato com o cirurgião, com o mundo de Proust que tanto o atrai. Um tilintar de campainha chama a sua atenção. É a porta envidraçada da loja que se abre de repente. Entra um jovem de ar atrevido, de chapéu enviesado na cabeça. Jacques, ajeitando mais uma vez os óculos no nariz, esquadrinha-o da cabeça aos pés. Ninguém como o jovem que acaba de entrar na livraria poderia parecer-lhe mais deslocado naquele ambiente cheio de volumes antigos e poeirentos. O homem, no entanto, possui certo charme que não deixa de ser sedutor. Seus modos despachados e a atitude atrevida lembram a Guérin os belos jovens de Montmartre e Pigalle. Lefebvre, o livreiro, apressa-se a fazer as apresentações:

— O senhor Werner, o senhor Guérin.

Jacques fita o homem de cima da sua altura.

— Que história é essa dos móveis da casa Proust que o senhor está vendendo? — pergunta desconfiado.

Tem lá suas dúvidas acerca de como o pitoresco personagem conseguiu a posse da mobília.

— São os do senhor Marcel, o doutor Robert morreu. Madame Proust tem de deixar o apartamento. A filha levou os móveis e os objetos que pertenciam ao tio, mas deixou a escrivaninha e a estante dos livros. Se me pagar mil e quinhentos francos, pode ficar com elas. Estão no número 2 da avenue Hoche.

Sem nem sequer saber por quê, Jacques aceita a oferta.

— Mas precisa tirar tudo de lá sem demora — acrescenta logo Werner —, o apartamento tem de ficar livre hoje mesmo, e levarei o que sobra para Drouot, nas salas de baixo, onde vendem as coisas sem valor.

V

Guérin está no carro, tendo ao lado o desenvolto vendedor. Pela segunda vez na sua vida, está indo à casa de Robert Proust. Enquanto dirige, volta a pensar no seu primeiro encontro com Marthe Dubois-Amiot, a mulher de Robert, que agora, viúva, está se desfazendo dos móveis que Werner acaba de lhe vender. Também fora a última vez em que tivera a oportunidade de encontrar o cirurgião que o operara de apendicite, uma operação que, pelo que se andou dizendo, talvez nem sequer tivesse sido necessária. Mas essa é outra história.

Vamos voltar a 1929, uns poucos meses depois da sua visita à casa da avenue Hoche, para onde está agora se dirigindo. Um parente de Jacques ofereceu um suntuoso jantar em homenagem ao ilustre médico.

Robert foi diretor do hospital Tenon, de 1921 a 1926, um dos primeiros de Paris a dispor de um setor de radioterapia para combater os tumores, e agora preside a associação de pesquisas sobre o câncer. Está com 56 anos, que na época pareciam muitos. É bastante alto, mas também um tanto pesado. O rosto lembra o do irmão, mas é mais redondo, os olhos mais tristes e menos magnéticos, os bigodes mais descaídos. Parece carregar um fardo que torna seus movimentos mais estorvados. Quando em 18 de novembro de 1922 Marcel morreu, Robert herdou todos os manuscritos da rue Hamelin. A partir daquele dia, apesar de as responsabilidades do seu trabalho de cirurgião, oncologista e diretor de um dos mais importantes hospitais de Paris ocuparem todo o seu tempo, empenhou-se em levar a cabo uma tarefa muito difícil e "técnica", a de cuidar da publicação póstuma dos volumes ainda inéditos da *Recherche*. Tinha de trabalhar em contato direto com o pessoal da Nouvelle Revue Française, dirigida por Jacques Rivière, com o qual Proust mantivera estreitos liames de amizade e colaboração até seus últimos dias. Rivière acompanhara a publicação dos primeiros volumes do romance, e o escritor confiara a ele e a Gaston Gallimard a tarefa da edição completa dos cadernos "no caso de algo desagradável acontecer". Mas os cadernos estavam agora com Robert, e era a ele que se devia recorrer para publicá-los. No começo, a colaboração havia sido cortês e quase afetuosa. Mas as coisas não demoraram a tornar-se difíceis devido ao caráter do médico, desconfiado e autoritário, circunspecto e cheio de melindres, e que elegera a si próprio como guardião da obra e, talvez, de alguma dignidade familiar por defender. A edição da parte póstuma do romance – *La prisonnière*,

Albertine disparue, *Le temps retrouvé* – acontece sob a férrea batuta de Robert, artífice de um silencioso mas inexorável cancelamento de pistas, talvez às vezes gritantes demais no texto inacabado do romance. Gallimard e Rivière pedem inutilmente para controlar os manuscritos do irmão. Em 1926, Robert continua a ser o único a conhecer o enredo de *Le temps retrouvé*. Totalmente entregue a este trabalho de obcecada paciência, o professor bloqueia por muitos meses a publicação dos últimos volumes. Não arreda pé nem diante da autoridade do editor, nem da delicadeza de Rivière. O relacionamento torna-se cada dia mais tenso. Finalmente, incomodado pela lerdeza do médico, irritado pelo fato de ter de trabalhar através de um intermediário, cansado e talvez já doente, Rivière entrega aos seus colaboradores a tarefa de revisão. "Gostaria de lembrar-lhe que a edição da obra completa é há tempo demais um sofrimento à espera das suas decisões a respeito do texto de *Albertine disparue*", escrevia irritado Gallimard a Robert. "[...] Reiteramos insistentemente o nosso pedido de poder trabalhar, sob sua supervisão, no manuscrito original", insistiam os responsáveis pela edição, Jean Paulhan e Benjamin Cremieux. Mas o médico continua a dominar, em crescente solidão, os papéis do irmão e decide descartar a cópia datilografada de *Albertine disparue*, que no seu entender quebra a continuidade dos últimos cadernos e, sempre na opinião dele, poderia comprometer a publicação de *Le temps retrouvé*.

Talvez fossem as constantes preocupações desse trabalho fora do seu alcance, mas do qual não queria de forma alguma abrir mão, que lhe davam aquela expressão tão circunspecta, aquele aspecto desconfiado e arredio que o acompanhou até a morte e que tanto contrastava com a *allure* de Marcel, que, mesmo doente, mantivera uma leveza, uma elegância e até uma ironia de rapazola incapaz de conhecer a velhice.

Quando Guérin entra na sala preparada para o jantar que um parente organizou em homenagem ao ilustre oncologista, ninguém está a par desse "segundo trabalho" de Robert, e muito menos ele, que o observa com a costumeira curiosidade através das suas lentes de míope. Do outro lado da mesa, à direita do dono da casa, está sentada a mulher do médico, Marthe Dubois-Amiot. Não podemos, francamente, dizer que os dois cônjuges formam um casal jovial. Robert, com seu corpo pesado, mostra-se envolvido numa aura melancólica e sombria. Marthe, por sua vez, é alta e magra, de rosto chupado, vestida de preto. Tem uma aparência arredia que inspira temor, mas o jovem, sempre animado pela ânsia e avidez de lembranças, de recordações ocultas por desentocar, depois do jantar se aproxima dela sem receio. É impelido pela curiosidade de conhecer os segredos da prodigiosa herança que Proust deixou. Quando Marthe se senta, severa e empertigada, perto da lareira, Guérin pega um banquinho e se ajeita ao pé dela.

– Madame – sussurra num tom deferente –, permita-me confessar a alegria que experimentei quando o doutor, durante a minha visita ao seu escritório, me deu o privilégio de ver os cadernos do irmão que tanto admiro.

E, uma vez que a dama o escuta com imóvel sorriso, sem nada dizer, insiste:

– Imagino que em sua casa haja uma enorme quantidade de manuscritos, cartas, papéis do seu cunhado. Devem ser algo realmente fascinante!

A voz nasal, quase estrídula, de Marthe levanta-se sobre o murmúrio do salão:

– Nem me fale, meu caro senhor. Estamos mergulhados num mar de papéis. Uma quantidade enorme. Mas eu e o meu marido estamos dando um jeito em toda essa confusão de cartas, cadernos, anotações... Queimamos... Queimamos tudo!

E, com um anódino sorriso, cala-se, bastante satisfeita.

Jacques fica tão abalado com as palavras de Marthe, que quase pode sentir na carne as chamas que destruíram as lembranças e os testemunhos de um gênio. Parece-lhe que elas saem da lareira perto da qual está sentado para alcançá-lo, para queimá-lo. Sai da sala atordoado e incrédulo, pensando consigo mesmo que não é preciso haver guerras ou revoluções para destruir. Bastam os herdeiros, considera desconsolado, que se arrogam o direito de apagar memórias e testemunhos preciosos.

VI

Marthe Dubois-Amiot nem sempre fora tão seca, azeda e irritadiça. Quando entrou na família Proust, em 1903, era uma jovem graciosa que se dispusera ao casamento com o entusiasmo irrefletido de quase todas as jovens da época. O matrimônio havia sido obra de Adrien Proust, que era, digamos assim, um "frequentador" da casa dela no número 6 da rue Messine (a família, no entanto, era originária de Aix-les-Bains). O professor mantinha, de fato, uma amizade bastante íntima com a mãe de Marthe: era o seu amante. A jovem já vira muitas vezes esse "amigo da família" circular pela casa. É provável, portanto, que tenha ficado feliz ao ficar noiva do filho.

Robert era um jovem promissor que escolhera seguir as pegadas do pai e se preparava com afinco para o doutorado com uma tese sobre o aparelho genital da mulher e, ao mesmo tempo, continuava seus estudos sobre o hermafroditismo. Mas, ainda que Marthe ignorasse as circunstâncias que a tinham levado ao noivado, madame Proust e os filhos deviam certamente ter algumas suspeitas. Um vago nervosismo acompanhou os preparativos do casório, que, pelo que conta Marcel, havia sido organizado no maior segredo, com desconhecimento até mesmo do irmão da noiva.

Todos os hábitos de Marcel haviam sido transtornados. Tivera até de levantar-se cedo duas vezes, primeiro para travar conhecimento com a jovem, e depois para participar do almoço de noivado, em 24 de janeiro, no apartamento da família Proust no número 45 da rue de Courcelles. Além do mais, tinha se comprometido a entregar o manuscrito da *Bible d'Amiens* até fevereiro, e já estava em cima da hora: "Este casamento não podia acontecer numa hora menos oportuna", queixava-se.

Em 2 de fevereiro de 1903, ao meio-dia, na igreja de Saint-Augustin, um Marcel esgotado e agasalhado até não poder mais chegou para desempenhar o duplo papel de testemunha e de *garçon d'honneur*. Passara as últimas três noites sem dormir, e o seu aspecto era lastimável. O *tight* desaparecia sob uma porção de suéteres de lã sobre os quais ele vestira três sobretudos. O peito e o pescoço estavam acolchoados por algodão cujos chumaços saíam do colarinho da camisa. Fez sua entrada na igreja "com o rosto de Lázaro renascido", contou a prima Valentine Thompson, "com aqueles melancólicos bigodinhos que emergiam como uma surpresa dos seus pretos sudários lanosos", com a incessante necessidade de justificar-se anunciando a uma fileira de convidados depois da outra que só podia vestir-se daquele jeito, que já fazia muito tempo que estava doente, que não era culpa dele.

Madame Proust conseguiu até superar o filho, chegando à cerimônia de ambulância devido a um ataque de reumatismo (como muitas vezes acontece, as nossas doenças denunciam males interiores ainda mais graves), e não participando da recepção na rue Messine, de onde por sua vez Marcel volta esgotado. "Este casamento acabou literalmente comigo", escreve à madame Catuse, a amiga da mãe, e fica duas semanas acamado.

VII

Mas Jacques ignora tudo isso. Enquanto dirige o carro a caminho da casa dos Proust, pensa que se passaram seis anos desde que visitou Robert pela primeira vez e que uma incrível brincadeira do destino está a trazê-lo de volta, acompanhado por um totalmente improvável rapaz, a um lugar que jamais imaginaria ver de novo.

Não demora quase nada para chegar do Faubourg Saint-Honoré ao térreo do número 2 da avenue Hoche. Entra e logo percebe que, de fato, tudo foi levado embora. A casa tem a triste aparência dos apartamentos que foram habitados por muitos anos e que, de repente, foram abandonados. Tiras de papel de parede pendem descoladas. Uma fina camada de poeira encobre o parquete de carvalho. Na entrada, amontoadas no chão, há pilhas de livros. Passa pelos vários cômodos, antigamente decorados com aquela vaidade burguesa que já achara de péssimo gosto e que agora se apresentam vazios e desoladores. Chega ao escritório, onde com tanta emoção apalpara os cadernos de Proust, e vê, solitários e comoventes, os dois móveis do escritor, largados de qualquer jeito no meio do aposento vazio. Reconhece a escrivaninha de Marcel, de madeira de pereira enegrecida, monumental, naquele estilo Segundo Império que, com toda a sua pretensão aristocrática, não tem a leveza dos Luíses, mas resulta ao contrário pesado, desajeitado, desprovido de qualquer elã. É bem grande, com o espaço para as pernas espremido entre duas fileiras de três gavetas decoradas com um filete de latão, tendo no meio uma maior provida de uma reluzente maçaneta dourada. A tampa é encimada por mais três pequenas gavetas, também cercadas por um duplo filete de latão e providas de brilhosas argolas que parecem contrastar com a sombria aparência do conjunto. Ao lado desse "monumento", reconhece a estante dos livros: é aquela de onde Robert, naquela tarde, tirara e mostrara para ele um dos cadernos de Proust, o com a palavra "fim". Agora está desoladamente vazia, desprovida das prateleiras em que no passado o escritor costumava guardar os seus livros mais queridos.

Aqueles móveis, de aspecto tão pesaroso, naquela atmosfera de desmantelamento, parecem estar lá a testemunhar a morte de um mundo e ao mesmo tempo parecem implorar socorro. A Jacques, talvez lhe volte à memória aquela página de *Swann* em que o narrador acha totalmente "razoável a crença celta segundo a qual as almas dos que nos deixaram estão aprisionadas em algum ser inferior, um animal, um vegetal, um objeto inanimado, realmente perdidas para nós até o dia, que para muitos nunca chega, em que acabamos por passar perto da árvore ou ficamos de posse do objeto que constitui a prisão. E então elas estremecem, nos chamam, e logo que as reconhecemos, o feitiço se quebra. Libertadas por nós, vencem a morte e voltam a viver conosco".

Guérin olha em volta. Tudo foi arrancado, furtado, pilhado.

— A quem pertencem os livros amontoados na entrada? — pergunta ao vendedor, que já está prestes a procurar um daqueles carros de praça para o transporte dos móveis.

— São os livros de Marcel Proust. Madame tirou as dedicatórias, porque não quer que o seu nome circule por aí.

É nesse preciso instante que Jacques percebe, confusamente e apesar de si, estar envolvido numa "aventura". Dá-se conta de que foi chamado a cumprir uma tarefa destinada a salvar algo que considera precioso e que, pelo menos em parte, servirá para compensar o mal já feito. Uma obrigação da qual não pode eximir-se. Fica sozinho e continua a perambular pelos cômodos do apartamento. Vislumbra dois volumes em cima da lareira, pega-os. Lê os títulos. São *Les hortensias bleus* e *Les Chauves-souris*, de Robert de Montesquiou. Abre-os, por dentro ambos têm uma dedicatória lisonjeadora, poética e incrivelmente longa do autor a Marcel, sobrevivente à fúria assoladora que quer destruir qualquer resquício.

Já está escuro. Jacques, com Werner ao lado, dirige para casa, acompanhado pelo motorista do furgão com os móveis. Talvez esteja pensando no que aconteceu naquele longo dia, e tenha tempo de perguntar a si mesmo por que está em companhia de um desconhecido, levando a cabo aquela estranha mudança.

Há motivos que fogem à razão e que nos impelem a agir movidos por outra força interior: "O fato de a inteligência não ser", escreve Proust em *Albertine disparue*, "o instrumento mais sutil, mais poderoso, mais apropriado para perceber o verdadeiro é apenas mais um motivo para começarmos com a ajuda da própria inteligência, e não com a ajuda do inconsciente, não com uma fé elementar nos presságios. É a vida que, pouco a pouco, uma experiência depois da outra, nos permite notar que o que realmente importa para o nosso coração, ou para o nosso espírito, não nos é ensinado pelo raciocínio, mas sim por outros poderes. E então a própria inteligência, dando-se conta da superioridade desses poderes, abdica racionalmente diante deles e aceita tornar-se sua colaboradora e criada."

Para chegar ao apartamento da rue Berton, onde Jacques mora, é preciso passar por aquela zona de Paris onde as construções se tornam mais raras e onde quase parece já ser no campo. A rua fica num lugar afastado e poético onde só há uma casa, a dele. O velho caminho asfaltado leva à morada de Balzac e separa a residência de Guérin do vasto e suntuoso Parc des Eaux de Passy, onde Maria

Antonieta tomava banho. Esse local carregado de fascínio iria, nos anos seguintes, dar espaço a amplas áreas urbanas, e a estrada para o centro de Paris seria batizada avenue Marcel Proust, mas tudo isso ainda está no porvir e não havia como Jacques saber.

Os móveis são descarregados e colocados num aposento. Guérin convida Werner a sentar-se com ele perto da lareira. O dia foi denso de emoções, mas ele ainda não está satisfeito, quer mais, quer saber mais detalhes acerca do destino daqueles objetos, daquelas coisas abandonadas, e quer principalmente ser informado sobre o fim que levaram os manuscritos e os cadernos da *Recherche* que Robert lhe mostrara naquele dia. Com seu intuito extraordinário, ele percebe a importância e a preciosidade deles.

A resposta do vendedor deixa-o petrificado.

– Ah, meu caro senhor! Se eu apenas soubesse que tudo aquilo poderia interessar-lhe, se tivesse tido a chance de encontrá-lo oito dias atrás, então, sim, haveria um montão de coisas! Mas a mudança estava marcada dali a três dias e tínhamos de nos apressar. Ajudei madame Proust a queimar no jardim todas aquelas *paperassouilles*.

E com involuntária crueldade menciona cada coisa.

– Papéis cheios de anotações, folhas soltas, cadernos e cartas, muitas cartas... Não se acabava mais de jogar tudo no fogo.

– Mas – interrompe Guérin, cada vez mais tomado de angústia – os manuscritos que estavam na estante e que o doutor Proust me mostrou, que fim levaram?

— Madame guardara-os cuidadosamente num canto, prestando a maior atenção para que não se estragassem, porque o doutor fazia questão de ficar com eles. Infelizmente, no entanto, já não estão com ela. A filha Suzy veio buscá-los para guardá-los no cofre, porque soube do editor que valem um bom dinheiro. Foi por isso que paramos de queimar! Ah, seu eu tivesse sabido antes! O que sobrou, e que a filha da dama não pegou, levei hoje ao livreiro Lefebvre, que comprou tudo.

Quer dizer então que a aventura acabou, pensa Jacques ouvindo o vendedor de bugigangas: Marthe, lastimando ter queimado coisas demais e perdido, dessa forma, um bom dinheiro, acabou poupando algo da sua fúria destruidora. Mas o sentimento que experimentou naquela mesma tarde no apartamento do médico, aquele confuso mas determinado desejo de consertar aquela bestial e incompreensível ferocidade, faz-se novamente sentir, mais insistente, com força.

— Imagino, de qualquer forma, que ainda tenha provavelmente sobrado alguma coisa de todas aquelas *paperassouilles*. Vamos, senhor Werner, procure trazer para mim tudo o que encontrar: madame Proust determinará ela mesma o preço que quiser.

O dia foi longo e carregado de emoção, e Guérin se despede do vendedor e vai dormir.

No dia seguinte, ao entardecer, Werner bate novamente à porta da casa da rue Berton. Acabou a mudança da avenue Hoche e lá está ele, segurando uma caixa de papelão, redonda. É uma velha chapeleira na qual ainda sobressai o rótulo amarelo da loja de onde vem: Lewis, do nome da famosa desenhista de moda que, em 1900, tinha a sua boutique na rue Royale. Jacques, quase sem cumprimentá-lo, arranca-a literalmente das suas mãos e abre-a, ansioso. Começa a remexer nos papéis jogados ali de qualquer maneira, evidentemente reunidos às pressas. Uma rápida olhada de conhecedor permite-lhe reconhecer esboços corrigidos, cartas, algumas fotos e três ou quatro livros.

Manda rapidamente embora o homem, entregando-lhe três mil francos.

Agora está finalmente sozinho diante do que considera um verdadeiro tesouro. A noite está chegando e pouca luz entra pelas amplas janelas do seu apartamento. Aproxima-se de uma lâmpada para examinar melhor aqueles papéis riscados por uma grafia tão irregular. Identifica rascunhos de missivas nunca enviadas, algumas cartas recebidas. Os seus dedos folheiam páginas brancas, azuladas, cor de marfim, cartões Bristol encimados por brasões ou iniciais entrelaçadas. Jacques reconhece as assinaturas de Jean Cocteau, André Gide, Robert de Montesquiou, Sydney Schiff, Reynaldo Hahn, Anna de Noailles. Pega um papel ao acaso e lê: "Jean, quando a morte ainda não estava tão perto de mim, havia mais ou menos um ano, já não conseguia ler nem escrever uma carta sequer. Neste caso, entretanto, fiz uma exceção (...)." Deixa escorregar no chão as palavras endereçadas a Jean Cocteau e pega outra mensagem, e mais outra, até ter nas mãos não uma carta, mas uns papeluchos rabiscados com caneta por Proust. Num deles há o desenho de um homem sentado ao piano, no qual está apoiada a partitura de "L'île du revê" de Reynaldo Hahn. Tem ao lado duas damas, uma de aspecto matronal e a outra carrancuda e de nariz bicudo, acompanhadas de dois cavalheiros de fraque. Atrás do programa de uma apresentação do *Faust* de Gounod, Marcel desenhou um homem de chapéu de palha e escreveu embaixo:

> Sou um marinheiro e canto por aí,
> Nem muito bem nem muito mal
> Mas sei encantar a loira e a morena
> Assim e assado, do jeito que vem

E em seguida uns versos, uns versos de amor.

> A minha mão dorme na tua, para melhor saborear
> [o teu descanso
> A minha testa fica acordada em cima do teu ombro
> O amor entre nós dois freme como um beijo
> E sorri ao ver-se em pranto nos nossos olhos.

Jacques pega ao acaso um calhamaço do qual cai voando um pequeno pedaço de papel, minúsculo, que plana lentamente no tapete. É um daqueles que nos últimos tempos Proust escrevia o tempo todo a Céleste, quando já não tinha forças para falar: "Por que a campainha está deste lado?" Sete palavras rabiscadas com mão incerta.

A escrita tornou-se ainda mais frágil, quebrada, trêmula. Mas, naquelas palavras riscadas nervosamente, Jacques sente, vê a febril solidão, o silêncio, a esta altura definitivo, que cerca o escritor naqueles últimos dias de vida, quando as únicas palavras que ainda ecoavam eram aquelas escritas nas páginas do romance.

Guérin remexe no fundo da chapeleira: encontra fotos, algumas amareladas. Um jovem cavalheiro, elegante, chapéu-coco na cabeça, uma bengala de passeio, a corrente de ouro, que atravessa o colete de um bolso a outro, o nó na *lavallière* dado com aparente descuido. Embaixo, a dedicatória: "a Marcel, Reynaldo". Do lado de trás: "Paris, Otto, 3 place de la Madaleine". O mesmo fotógrafo mencionado na *Prisonnière* a propósito de um retrato de Odette vestida com uma roupa principesca, foto de que Swann não gostava, preferindo a ela um modesto "cartão-álbum" tirado em Nice.

Eram dedicados a Reynaldo Hahn, seu grande amor e depois seu grande amigo, os versos embaixo do desenho?

E também Marcel e Robert ainda crianças. As roupinhas iguais de grandes colarinhos de piquê. As botinhas brilhosas, fechadas por uma porção de botõezinhos, de cujas bordas saem as longas meias brancas de fio de escócia. O paletó trespassado na frente, em que se destacam dois lindos laços de seda.

Os braços do pequeno Robert seguram a manga da roupa do irmão mais velho. Para sustentá-lo, para protegê-lo? Ou, ao contrário, se penduram nele procurando abrigo na sua autoridade de primogênito?

* * *

Naquelas fotos dos dois irmãos, desde a mais tenra idade até a adolescência, naqueles dois rostos de expressão tão diferente, ainda que tão parecidos nos traços, talvez Jacques procure descobrir a natureza do relacionamento entre os dois.

Lá estão eles, ainda pequenos, desta vez vestindo roupas de menina, o colarinho e os punhos das mangas rendados. Robert apoia a cabecinha encaracolada no ombro de Marcel, que com um braço cerca a sua cintura e com o outro segura a mãozinha gorducha do irmão.

E depois, já rapazinhos, retratados no ateliê fotográfico de Hermann. Aqui, os dois irmãos, adolescentes, estão num cenário típico do fim do século XIX, quando o gosto derrapa para o kitsch. Uma bica, emoldurada por uma mureta, deixa escorrer a água no chão: do outro lado da mureta, o jovem Marcel de 12 anos, apoiado no parapeito, olha com um sorriso levemente irônico o irmão (seria a comicidade da situação o que lhe dava aquela expressão?). Do lado de cá do muro, sentado num capitel, com o chapéu apoiado nos joelhos, vemos Robert, que por sua vez não sorri nem um pouco e, aliás, parece recuar, evitar com o cotovelo o braço que Marcel deixa deslizar pela mureta. Está perplexo, surpreso. Mostra-se, de qualquer maneira, muito sério, comparado com a leve ironia do irmão. Por que está tão amuado? Está com medo de molhar as botinhas lambidas pela água? Ou, recuando, quer marcar distância, reivindicar sua autonomia? Talvez

Jacques, olhando as fotos, ficou imaginando qual devia ser o relacionamento entre os dois. Quantas palavras trocaram entre si? E quantas preferiram não dizer?

Estamos em 1883, Marcel está com 12 anos e há um ano frequenta o liceu Condorcet, onde reencontrou Jacques Bizet, filho do autor de *Carmen* e já seu colega na escola primária Cours Pape-Carpentier. Estão unidos por uma amizade profunda, que depois se transforma numa mórbida enfatuação que madame Proust acha perturbadora, a ponto de proibir que o filho visite o colega. Quem poderia ter despertado a sua desconfiança? Na correspondência entre Bizet e Proust, que alguns anos depois seria parcialmente publicada, há algumas cartas que podem nos iluminar a respeito da complexidade dos relacionamentos dentro da família Proust.

Marcel, perdidamente apaixonado, escreve a Bizet em 1888: "Talvez devido à sua aparência, talvez porque ouviu meu irmão falar de você, ou M. Rodrigues, ou talvez tenha entrado enquanto (o meu) irmão falava de você com Baignères (Jacques, outro colega de Marcel no Condorcet), ou, quem sabe, o meu irmão tenha dito alguma coisa feia a seu respeito, porque passamos tempo demais juntos, mas acredito que seja principalmente culpa minha, devido a meu excessivo apego a você."

Talvez meu irmão... Para Marcel o principal suspeito da delação à mãe é Robert, o irmão caçula, que agora está com quinze anos, tão diferente dele, esportivo, apaixonado pela matemática, não muito dado à leitura, digno filho do pai. Pode ter feito isso de boa-fé, sem maldade.

De qualquer maneira, a família começa a entender alguma coisa das inclinações de Marcel, mas, como acontecia em qualquer ambiente burguês da época, ninguém tocava no assunto. Pelo que sabemos, nunca se falou a respeito. Mas é um fato sabido.

Na *Prisonnière*, Proust escreve:

> Em certas famílias de mentirosos, um irmão que vai visitar o outro sem motivos aparentes e, já na porta, na hora de sair, pede incidentalmente uma informação que, logo a seguir, parece quase não interessado em ouvir, deixa dessa

forma entender que aquela informação era o escopo da visita, uma vez que o outro conhece bem aquelas maneiras distantes, aquelas palavras ditas como entre parênteses, bem em cima da hora, pois ele mesmo já as usou amiúde. E também há famílias patológicas, sensibilidades aparentadas, temperamentos fraternos, iniciados nesta tácita língua pela qual, em casa, as pessoas não precisam falar para se entender.

Essas palavras me fazem pensar naquilo que me foi contado por Jean Chalon, durante décadas crítico literário de *Le Figaro* e conhecido escritor:

– No verão de 1982 – lembra ele – encontrei no Maxim's, num almoço organizado por Josée de Chambrun, um idoso e distinto cavalheiro, monsieur de Chantenesse. O pai, médico, era muito amigo do professor Adrien Proust, seu vizinho na avenue Malesherbes. Os dois gostavam de conversar enquanto davam umas voltas pelo bairro.

Certo dia, o doutor voltou para casa profundamente perturbado e, ao cumprimentar a mulher, confessou-lhe:

– Ah, aquele coitado do Proust, se você soubesse... Que história mais feia.

– De que está falando? – pergunta madame de Chantenesse.

– Não diante das crianças, por favor. Falaremos a respeito depois do jantar.

Depois da refeição, os miúdos são mandados para a cama, mas o mais velho deles gruda o ouvido na porta da sala de jantar e ouve os pais, que falam baixinho de Marcel, mencionando assuntos que só depois ele conseguirá entender ao refletir sobre as palavras ditas pelo pai naquela circunstância:

– Coitado de Adrien Proust, meu pobre amigo – murmura o doutor de Chantenesse à mulher. – Ainda bem que tem Robert.

– Parece – sorri Chalon ao concluir o seu relato – que a homossexualidade de Marcel não era bem aceita na família, na qual quem era considerado "o grande homem" era o irmão Robert!

Esse episódio remonta justamente aos anos em que Proust se queixa com Bizet:

"Estou com problemas, a minha família está brigada comigo. Talvez me mandem para um pensionato no interior, beijos com amor."

E ainda:

"Porque entenda, querido, eu nada sei. Até quando? Talvez para sempre, talvez só por alguns dias. Por quê?... Talvez porque ela receie que esta afeição seja um tanto excessiva, você não acha? E que possa degenerar (é o que ela pensa) num afeto... sensual."

Assim como Proust, Guérin também tem um irmão mais moço, mas o relacionamento entre eles é mais explícito devido àquelas estranhas afinidades que às vezes acontecem entre irmãos. Ambos são atraídos pelas artes: o mais velho, apesar de ser um calejado homem de negócios, um químico e um industrial dos perfumes, já é um requintado bibliófilo e um mecenas, frequenta o ambiente cultural parisiense; Jean é pintor, é mais extravagante, porém tem os mesmos gostos. Não têm, portanto, coisa alguma para esconder um do outro, mas isso não significa que o relacionamento entre os dois seja mais simples, menos atormentado. Jean, deixando de queixo caído o irmão mais velho, decide logo fazer *coming-out*, confessando à mãe a própria homossexualidade e a de Jacques: estamos em 1924!

Entre as inúmeras cartas que Erik Satie troca com os irmãos Guérin, transparece o íntimo relacionamento entre os dois, feito de amizades e interesses comuns. Em 9 de julho de 1923, uma segunda-feira, o músico escreve a Jean: "Querido amigo [...] se estiver livre lá pelas quatro da tarde, passe no Dôme, Boulevard Montparnasse, diante da Rotonde, gostaria muito de encontrá-lo. Que noitada singular, outro dia!... Picasso ficou fascinado (...) dê, por favor, minhas amigáveis lembranças ao seu irmão. Seu ES."

Na casa da rue Berton, a esta altura, já é noite. Jacques não consegue separar-se daquela arca encantada, daquela velha chapeleira de onde saem papéis surpreendentes. O mais singular tem data de maio de 1888, ano em que Marcel trocava com Bizet as cartas afetuosas que já vimos. É com um leve sorriso que Guérin lê estas linhas num papelucho amarelo, quadriculado, escritas com caracteres regulares e mão firme por um rapazinho. Em cima, à direita, está anotado "quinta-feira à noite".

Lundi soir.

19 mai 1888

Mon cher petit grand'père

Je viens réclamer de ta gentillesse la somme de 13 francs que je voulais demander à monsieur Nathan, mais que maman préfère que je te demande. Voici pourquoi. J'avais si besoin de voir une femme pour cesser mes mauvaises habitudes de masturbation que papa m'a donné 10 francs pour aller au bordel. Mais 1° dans mon émotion j'ai cassé un vase de nuit, 3 francs 2° dans cette même émotion je n'ai pas pu baiser. Me voilà donc comme devant attendant à chaque heure davantage 10 francs pour me vider et en plus ces 3 francs de vase. Mais je n'ose pas redemander sitôt de l'argent à papa et j'ai

Carta para seu avô.

Querido vovô, gostaria de pedir-lhe a quantia de 13 francos... Eis o motivo. Precisava tanto ver uma mulher para acabar com o péssimo hábito de masturbar-me, que papai me deu dez francos para ir ao *rendez-vous*. Mas 1º, pela emoção, quebrei o urinol, 3 francos. 2º, devido a essa emoção, não consegui foder. Voltei, portanto, ao ponto de partida, esperando conseguir o mais breve possível 10 francos para me aliviar... mas não me atrevo a pedir mais dinheiro ao papai, e esperava que você pudesse me socorrer nesta circunstância que não só é excepcional, mas também única, como já deve saber: não acontece duas vezes, na vida, uma pessoa ficar tão emocionada que não consiga foder.

Como justamente observa Jean-Yves Tadié, que sutil pressão psicológica induz Marcel, mandado pelo pai ao bordel para conhecer, conforme os costumes da época, o sexo "normal" e onde por constrangimento quebra um urinol, que obrigação moral profundamente inculcada o leva com tenacidade e obediência a tentar de novo?

Entre Jacques e Marcel, há uma distância de trinta anos, mas ainda maior é a diferença social que os separa. Guérin, que nunca teve uma família "normal", na sua condição de filho ilegítimo, gozou com o irmão de uma liberdade insólita para aqueles tempos, que lhe permitiu viver com menos problemas e angústias a sua homossexualidade. Mas não Proust, que, como frisa Walter Benjamin, continua a vida inteira sendo um *fils de famille*. São anos em que a sua tendência sexual o leva a crer, como escreve nas famosas páginas de *Sodome et Gomorrhe*, que pertence a uma "raça oprimida por uma maldição, forçada a viver na mentira e no perjúrio, porque sabe que o seu desejo – aquilo que constitui para qualquer criatura a suprema doçura de viver – é considerado punível, vergonhoso, inconfessável".

A homossexualidade de Proust paira nessa história de incompreensões familiares, de silêncios, de papéis rasgados, de móveis abandonados como um muro invisível, mas insuperável. No retículo de relacionamentos entre filho e pais, entre irmão e irmão, entre cunhado e cunhada, entre tio e sobrinha, no círculo vicioso das frases feitas de palavras não ditas, acaba-se sempre voltando a esbarrar nessa parede onipresente e intransponível. E os silêncios se transformam em rancores, as incompreensões em gestos vandálicos.

Entre os papéis que sobreviveram ao fogo, também há alguns livros, e é entre eles que Jacques encontra, para grande surpresa sua, a resposta à pergunta que vários anos antes fizera ao doutor Proust no seu escritório. Quando lhe perguntara se tinha um exemplar de *Swann* doado pelo irmão. Pergunta à qual o médico respondera, um tanto enfastiado, negativamente.

Agora Guérin tem nas mãos, desencadernado, quebrado, caindo aos pedaços, um pobre livro. É a primeira edição de *Du côté de chez Swann*, publicada em 1913. No interior, uma página que permanece intacta safou-se do implacável cancelamento de qualquer pista por parte de Marthe, e traz a dedicatória na grafia angulosa e irregular de Marcel: "Ao meu irmãozinho, em memória do tempo perdido, reencontrado por um momento toda vez que estamos juntos." Quer dizer que Robert tinha completamente esquecido! – pensa Jacques –, e olvidara-o durante todos aqueles anos entre as *paperassouilles*, deixando que o tempo e o descuido o deixassem naquelas condições! Que doce vingança o destino impôs à tamanha negligência!

Aquelas palavras tão ternas e ricas de saudade não tinham ficado nem um pouco na memória de Robert e agora ecoam no aposento como um grito de amor, como aqueles objetos inanimados que, na imaginação de Proust, pedem que sejam soltos.

Talvez Jacques tenha tido a oportunidade de refletir sobre a real natureza do liame entre os dois irmãos, também pensando, provavelmente, naquele que une ele mesmo e o irmão Jean, um vínculo mais uma vez nada fácil, apesar dos pendores comuns.

Marcel e Robert tiveram, sem dúvida, um relacionamento afetuoso, mas nunca íntimo. A uni-los havia a sensação de pertencerem à mesma coisa, o amor pelos pais, uma infância passada juntos, mas certamente nenhum gosto ou interesse comum, embora, por caminhos colaterais e totalmente inimagináveis, houvesse entre os dois inesperados pontos de contato. O doutor Soupault, filho de um colega de Adrien Proust que os conhecia bem, encontra em ambos alguns aspectos similares de caráter: a boa educação quase excessiva, os escrúpulos às vezes exagerados, as contínuas e obcecadas hesitações, mas também a capacidade de saber compreender os outros. Georges Duhamel, cirurgião e escritor, prêmio Goncourt 1918, lembra ter visto Robert operando: "Mesma lentidão, mesma delonga, mesmo círculo vicioso, mesma invenção paradoxal, mesma reticência. Em resumo, a frase cirúrgica de Robert é realmente a irmã da literária de Marcel."

Entre os papéis levados para a rue Berton por Werner, também há uma pequena carta do escritor, provavelmente muito jovem, à mãe, onde dá para sentir a preocupação do primogênito com relação ao irmão mais jovem. Com uma grafia ainda regular, fina, angulosa mas leve, quase feminina, Proust expressa a própria inquietação pelo humor melancólico do irmão:

> Querida mamãe, ... acho que Robert anda melancólico, e isso muito me entristece. Não lhe pergunte nada, eu não pude tirar uma palavra sequer da boca dele e não creio que você consiga, embora ele seja muito gentil. Não deixe de se despedir dele antes que parta.

Proust sempre falava da bondade de Robert, sem nunca deixar de usar uma leve ironia ao descrevê-lo:

"(...) Felicidade e tristeza amadureceram o seu caráter como um fruto que se torna doce após ter sido um tanto azedo", escrevia à mãe e, sempre a ela: "não mostre esta carta àquele anjo do meu irmão, que é de fato um anjo, mas também um juiz, um juiz severo (...)."

Robert talvez não assumisse o papel de juiz severo que aqui Marcel lhe atribui, mas certamente voltava a propor a imagem paterna, tanto no trabalho quanto na vida particular. Herdando do pai uma atitude vagamente autoritária a respeito do irmão mais velho.

Já perto do fim da vida, estamos em setembro de 1920, Proust escreve a Robert pedindo o favor de recomendá-lo ao seu amigo, o influente general Charles Mangin, para conseguir a Legião de Honra. O médico hesita, receia constranger o alto oficial e pede que Marcel não entre em contato com o militar sem antes falar com ele.

A resposta do escritor é uma pequena obra-prima de sarcástico orgulho, mas também de sutil perfídia:

> Querido irmãozinho,
> agradeço-lhe de todo o coração a sua amabilíssima carta. Pode ficar tranquilo: em hipótese alguma pediria que me recomendasse ao general M. Não quero dizer, com isso, que não possamos nos portar livremente, e, nesse caso particular, a razão dos sentimentos do general por mim só se deve aos meus livros. Apesar disso, acho que antes de pedir a sua aprovação não deveria correr o risco de deixá-lo numa situação embaraçosa. Agora você me diz que seria melhor não falar com o homem. Não precisa se preocupar, o seu desejo é uma ordem, e não pedirei nem mandarei alguém pedir coisa alguma ao ilustre general... eu não desprezo as condecorações, mas é um "algo mais" do qual se pode passar sem. A Obra, isso é o que importa; o restante, havendo ou não havendo, não faz diferença...

Marcel demora-se então falando dos seus males e de alguns médicos que tenciona consultar, mas é nas últimas linhas da carta que, de forma aparentemente displicente, se dá ao luxo de uma pequena, amarga vingança:

O meu livro *La côté de Guermantes* (...) sairá na primeira semana de outubro. Embora seja muito mais curto do que os volumes precedentes, tenho certeza de que você, mesmo assim, não o lerá...

Nessa frase resume-se a natureza do relacionamento entre os dois irmãos, feito de afeição, mas não de recíproca afinidade nem, talvez, de estima.

Ao contrário de Marcel, mesmo que não imediatamente, Robert respeitara a vontade do pai; casara com uma mulher escolhida pelo genitor, dedicara-se à carreira de médico como o pai, e como o pai tinha uma amante, madame Fournier, que morava num pequeno apartamento não muito longe do hospital onde ele prestava serviço. Pelo menos uma vez, pedira a cumplicidade do irmão para entregar uma soma de dinheiro à amiga. Aconteceu durante a guerra, enquanto Robert estava na frente de batalha. Eis como ele conta o episódio, achando graça, mas num tom que não esconde nenhuma complacência, nesta carta à madame Catusse, de novembro de 1917. "Por mero acaso, posso dar-lhe notícias de Robert, que me escreveu pela primeira vez em seis meses, pois ele é um sujeito terno, mas às vezes se entrega demais ao trabalho e também demonstra uma incurável preguiça. Mas a razão pela qual me escreveu dois dias atrás é de tal natureza que, se porventura a senhora encontrar a minha cunhada, é preferível não lhe contar que recebi umas poucas palavras do marido dela. Quanto a mim, uma vez que nunca me encontro com Marthe, não tenho problemas de ficar constrangido com ela (...)."

Cumplicidade entre homens e cumplicidade entre irmãos a respeito de mulheres, costumeira na época assim como agora, ainda que Marcel estivesse plenamente ciente de nunca poder pretender a mesma cumplicidade; nunca se atreveria a conspurcar a respeitabilidade da família.

Marthe está certamente a par das infidelidades do marido e da "peculiar diferença" do cunhado, mas faz questão do decoro e arranca dos livros as dedicatórias comprometedoras para não deixar circular o nome da família em ambientes indignos, e bem no fundo cultiva pelos dois irmãos um rancor que, com o passar dos anos, se tornará provavelmente um sentimento muito parecido com ódio. O seu casamento não foi feliz devido às aventuras galantes do marido, que, além do mais, dilapidou a milionária herança paterna, bem como a da casa Amiot, a qual, pelo que Marcel escreve numa carta a Lionel Hausers, em outubro de 1918 ("o meu irmão se casou com uma mulher muito rica"), deveria ser igualmente vultosa, deixando-a em sérios apuros econômicos. O relacionamento com o cunhado, marcado por fria cortesia enquanto o escritor estava vivo, com a sua morte transformou-se num rancor profundo que a levou a destruir todo resquício dele:

papéis, móveis, objetos pessoais e delicados. Há uma estranha, especular (triangular) atitude a respeito da mobília entre Marcel, Robert e Marthe. Como se, através dos objetos, fosse possível expressar sentimentos que nunca se haviam tornado explícitos.

Na hora da mudança da rue de Courcelles, em 1906, o destino dos móveis de Jeanne e Adrien Proust foi motivo de longa e cansativa disputa acerca de quem deveria ficar com o quê. Os irmãos trocaram cartas cordiais, mas não desprovidas de recriminações: "Fique com o que for do seu agrado e guarde o resto num armazém", escrevia Robert, mas Marcel considerava o fato de o irmão recusar-se a ficar com o mobiliário que lhe cabia um prejuízo econômico, pois impedia que o escritor fosse morar num apartamento menor: "Forçou-me a modificar o meu orçamento, meus investimentos e a minha própria existência", queixava-se. Mas era só Marthe demonstrar algum interesse num tapete ou numa tapeçaria, para Marcel logo decidir ficar com eles. Em novembro, a sobrinha Suzy adoeceu de difteria: "Muito me entristece que essa menina, na qual sobrevive algo de mamãe e papai, comece a sua vida de forma tão melancólica", declarou Marcel. Mas então Robert, provável portador de germes, foi visitá-lo, e ele esbravejou dizendo que teria de desinfetar todo o apartamento; e, quando a mulher do porteiro contou, depois de telefonar a Marthe para comunicar-lhe a sua pena e o seu desgosto pela doença da menina, que madame respondera de forma "um tanto seca demais", ficou melindrado. "Mas é muito gentil, apesar do humor inconstante", teve a bondade de escrever à madame Catusse; e acrescentou: "A bem da verdade, pelo que diz Félicie, devo reconhecer que posso ser extremamente antipático!" Quem conta isso é George Painter, comentando que "a lista dos móveis de Proust, na qual cada peça da rue de Courcelles aparece com destino (especificado) para cada aposento do novo apartamento ou doada aos criados, a Robert, ao doutor Landowski, ou vendida ou jogada num porão, é uma monstruosidade que o biógrafo acha melhor poupar ao leitor".

E talvez não seja apenas uma coincidência a atitude que aproxima os dois cunhados, apesar de serem tão diferentes: uma vez que Marthe tinha decidido pôr à venda a escrivaninha e a estante de livros no setor de velharia da casa de leilões, o escritor reagiu com um gesto igualmente sacrílego. Quando na primavera de 1917 Albert Le Cuziat, o modelo de Jupien, decide abrir o bordel da rue de l'Arcade, na pensão para homens, a entrada e o quarto de dormir são decorados com cadeiras, sofás e tapetes de Jeanne e Adrien Proust. Encontramos o episódio, transposto com leves modificações, na *Recherche*. O narrador doou alguns móveis herdados da tia Léonie à dona de um bordel: "Logo que os reencontrei (os móveis) na casa onde eram usados por aquelas mulheres, todas as virtudes que se respiravam no quarto da tia em Cambray voltaram à minha mente, supliciadas pelo contato cruel a que eu tinha entregado aquela mobília indefesa! Não poderia ter sofrido mais se tivesse mandado violentar uma morta.

Nunca mais voltei à maison da caftina, pois os móveis da tia me pareciam viver, como os objetos aparentemente inanimados daquele conto persa, suplicando que os libertasse."

Enquanto o trecho em que se fala da reencarnação das almas nas coisas, embora definido em termos de prisão, está imbuído de uma ilusão de renascimento, como salienta Mariolina Bongiovanni Bertini, nesta passagem: "aparece a mesma crença, mas como de sinal invertido, subjugada pelo contexto a significar não a esperança na ressurreição, mas sim o terror, a angústia de uma definitiva sobrevivência desprovida de redenção."

VIII

Un philosophe qui n'était pas assez moderne pour elle, Leibniz, a dit que le trajet est long de l'intelligence au coeur.

MARCEL PROUST, em *Sodome et Gomorrhe*

Jacques volta a se encontrar com Werner com alguma frequência. Às vezes convida-o a tomar um vinho do Porto, e enquanto isso o interroga com aquela sua obcecada curiosidade. Compreendeu que o outro não se limita a ser apenas um vendedor de coisas velhas, mas também desempenha o papel de homem de confiança de Marthe. O clássico faz-tudo, resumindo. Diante disso, quando acha ter conquistado definitivamente a amizade de Werner, atreve-se a ir mais fundo.

– Afinal, meu caro amigo, ainda sobrou alguma coisa, além dos papéis que me trouxe?

– Oh, só velhos trastes do senhor Marcel que o doutor Proust guardava no sótão. Fiquei com eles, porque Madame Proust me deu de presente. Está tudo no meu armazém. Pode passar por lá, se quiser, para ver se acha alguma coisa interessante.

Há uma série tão inverossímil de coincidências nesta história, que quase custa acreditar. De repente Jacques descobre que, saindo da sua fábrica, para chegar ao galpão de Werner, só é preciso percorrer um caminho bastante breve. Basta sair do escritório da bonita casa que já foi do cavalheiro d'Orsay, descer os oito degraus da escadaria do século XIX que dão no parque arborizado, subir no Buick, percorrer as alamedas cobertas de fino cascalho que crepita e estala sob os pneus, sair da porteira, deixar Puteaux para trás, margear o rio e seguir adiante por mais algumas poucas centenas de metros. Já dá para ver ao longe um grande galpão de madeira, o armazém do comerciante. É com grande surpresa que Guérin constata que tão perto de onde ele passa seus dias de trabalho fica o lugar onde Werner passa os dele e que ali estejam guardados, talvez, alguns restos do tesouro de Proust. Ao descer do carro, fica de queixo caído. Na calçada estão expostas mercadorias de todo tipo: espelhos, pias, aparelhos sanitários, velhos utensílios nos quais o preço foi escrito com giz. Enquanto examina as bugigangas espalhadas no chão, arregala os bonitos olhos míopes, incrédulo.

Reconhece a carantonha do professor Adrien Proust, que, com sua barba grisalha e o olhar carregado de desaprovação, retratado por um desconhecido pintor e cercado por uma vistosa moldura dourada, parece implorar que seja tirado da lama onde foi precipitado. Jacques contará depois que quase não acreditou no que via e que mesmo agora, depois de tanto tempo, lhe parecia impossível que alguém fosse capaz de infligir ao respeitável professor uma humilhação tão grande.

* * *

Perto do retrato, espalhados no chão, reconhece pelas iniciais os adereços de toalete em ébano de Marcel, ou o que sobrou daqueles objetos preciosos e ao mesmo tempo cotidianos. Apoiados no tapete do quarto de dormir do escritor, retos como fusos, erguem-se os dois candelabros de madeira dourada que no passado, como nos mostra uma foto de madame Proust sentada numa poltrona lendo um livro, sobressaíam pomposos em cima da biblioteca de palissandra na sala da rue de Courcelles.

Numa caixa estão reunidos os objetos mais miúdos, uma estatueta de jade, presente de Anna de Noailles, um elegante estojo de Cartier que abriga o seu alfinete de gravata de coral e a Legião de Honra de que tanto se envaidecia ("Não é o presente em si o que me encanta, Céleste; é a delicadeza do gesto, da lembrança"). Ao segurar aquele minúsculo objeto, Jacques lembra que, entre as cartas que encontrou na chapeleira da rue Royal, também havia uma nota de Cocteau que o felicitava por aquela condecoração: "No senhor, aquela fitinha vermelha faz sentido."

Guérin reconhece a bengala de passeio revestida com pele de javali, presente do marquês de Albufera, tornada mais preciosa por uma argola de ouro gravada com as iniciais MP. É o bastão que o escritor empunha na foto que se tornou famosa, e que Guérin acha erroneamente intitulada: *Proust à la sortie du Jeu de paume*. No entender dele, a foto fora tirada muito antes daquele dia fatídico em que Marcel passou mal por culpa, como é relatado na *Recherche*, de Bergotte.

Mas Jacques ainda não está satisfeito.

– Só isto? – pergunta meio amuado.

Werner não responde, mas leva-o aos fundos do galpão. Ele o acompanha com o espírito entusiasmado que lhe é costumeiro quando se sente prestes a descobrir um livro desejado, um manuscrito raro, alguma coisa que, de qualquer forma, possua aquele latente mistério que os objetos dos outros têm, quando pelos outros foram amados e considerados queridos. Tomar posse deles talvez signifique guardar e reviver uma centelha daquele amor, daquele desejo, e sentir-se finalmente satisfeito; mas não é só isso: o sentimento que o anima não é o do colecionador, é mais o de um salvador. Como se um ímã o atraísse para o objeto inesperado, acompanha o comerciante até o fundo do armazém. E o que encontra lá? Enegrecida, oxidada, ainda coberta com a colcha azul, a cama de latão do escritor, sob uma camada de poeira. A cama que tinha desde a idade de 16 anos e na qual escrevera toda a obra nas noites insones, e na qual morrera em 18 de novembro de 1922. A cama em que "jazia dilacerado pela saudade", escreve Walter Benjamin, "de um mundo alterado (...)". Para o ensaísta alemão, é a segunda vez na história que é erigida "uma armação como aquela onde Michelangelo, deitado de costas, pintava a Criação no teto da Capela Sistina: a cama onde Proust, doente, esticando os braços enchia com sua escrita miúda as folhas que consagrou à criação do seu microcosmo".

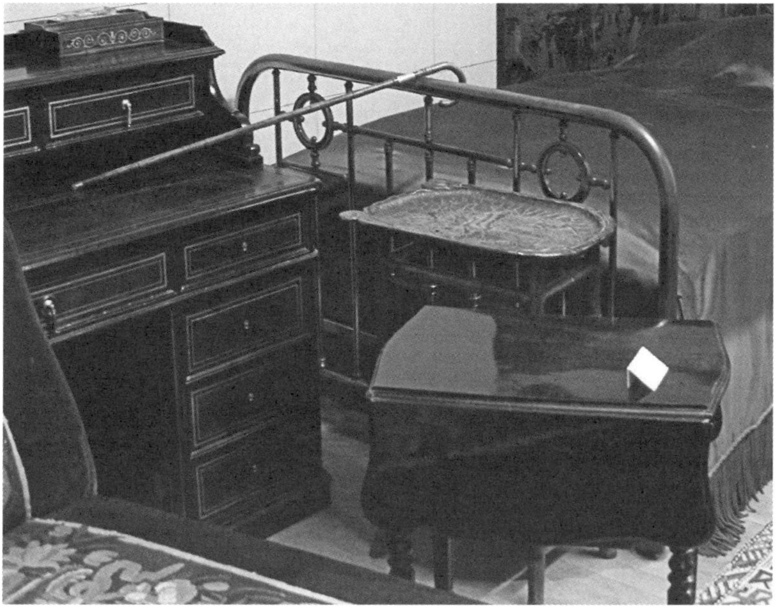

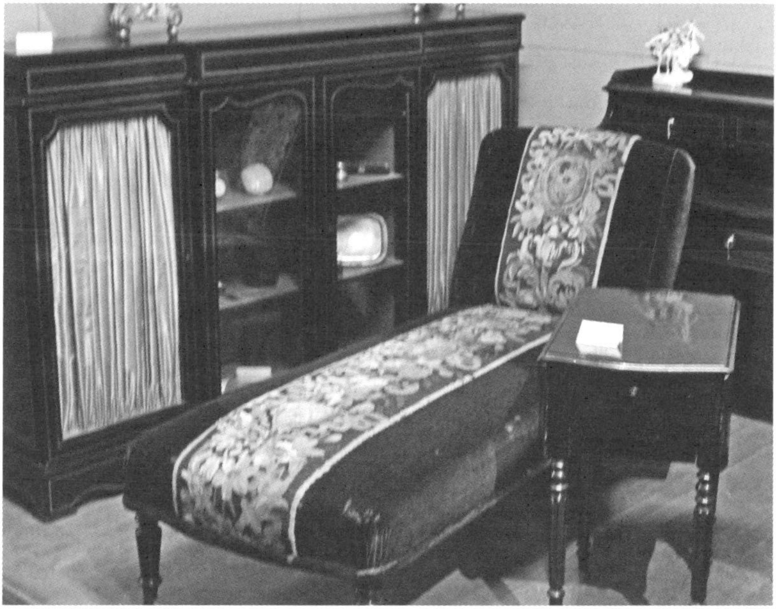

Guérin fica tão abalado de emoção, que as lágrimas correm copiosas pelas suas faces. Sente que o destino recompensou a sua obstinação.

Tudo é transferido para a rue Berton, onde num cômodo do apartamento é reconstruído o quarto de Proust, com a escrivaninha, a estante dos livros, a cama e as pequenas coisas íntimas.

Jacques está convencido de que resgatou esses móveis do triste fim a que estavam destinados por alguma força alheia à sua vontade, considera-se um instrumento escolhido pelo fado a fim de levar a cabo uma tarefa de que não pode esquivar-se, e quando dá uma olhada naquele quarto solitário talvez lhe pareça que a cama, a escrivaninha, a estante e aqueles objetos miúdos e pessoais não representam uma encenação fúnebre, mas sim, ao contrário, que vivem de uma vida interior e misteriosa toda deles.

Observando-os tal como os arrumou tão amorosamente na tentativa minuciosa de reconstruir a sua vida passada na rue Hamelin, parece-lhe que estão "pairando" num espaço fora do tempo.

Estaria ele pensando no prefácio de *Sésamo e os lírios*, de Ruskin, no qual Proust fala nestes termos do seu quarto?

Quanto a mim, deixo para as pessoas de bom gosto transformar o seu quarto na própria imagem do seu gosto e de enchê-lo somente com coisas que ele pode aprovar. Eu, por minha vez, não consigo viver e pensar a não ser num quarto onde tudo seja criação e linguagem de existências profundamente diferentes da minha, de um gosto contrário ao meu, onde nada eu possa encontrar do meu pensamento consciente, onde a imaginação se exalte inteiramente mergulhada no não eu.

Essa aventura, em lugar de acalmar Guérin, deixa-o ainda mais excitado. A suspeita de ainda haver alguma coisa por recuperar não lhe dá sossego, e pensa obcecadamente que a sua tarefa de "salvador" ainda não chegou ao fim. Talvez sejam estes os dias em que, como me contou Piero Tosi, começa a ler os necrológios do *Figaro* para assistir aos funerais dos amigos de Proust, juntar-se aos parentes do finado para tecer a sua trama, arrancar confidências e recordações.

Enquanto isso, não para de investigar. Continua a ver Werner regularmente, interroga-o de forma cada vez mais premente, chega até a segurá-lo pelos ombros e sacudi-lo violentamente no intuito de levá-lo a confessar sabe-se lá que outro sacrílego segredo. O homem nega com firmeza possuir qualquer outra coisa, mas com involuntário sadismo deixa transparecer que algo pode, na verdade, ter sido esquecido na missão de resgate, com o resultado de exasperar o outro ainda mais.

Ao sair da fábrica, Guérin dá amiúde uma passada no armazém do mercador, ou então o convida a ir com ele à rue Berton, para um bate-papo e um cálice de vinho do Porto. Durante esses encontros, a conversa sempre acaba se desviando para o assunto preferido: madame Proust, os papéis, os objetos do escritor. Às vezes o tom fica exaltado; ao pressionar com suas perguntas, Jacques torna-se rude, quase brutal:

Marcel Proust, Evian em 1905.

– Ora, ora, confesse de uma vez por todas! Alguma coisa ainda deve ter sobrado...

E assim, certo dia, talvez cansado de esconder um pequeno roubo insignificante, Werner, ao despedir-se na porta de casa, cicia quase sem pensar:

– Há uma coisa que quero lhe contar, monsieur Guérin, mas devo admitir que fico um tanto envergonhado. Saiba que gosto de pescar, de forma que todo domingo vou até o Marne, onde tenho um barco. Madame Proust é tão bondosa que uns tempos atrás me disse: "O senhor deve estar louco, ficando naquele frio úmido do rio. Pegue o sobretudo de Marcel e proteja as pernas com ele." E confesso que a partir de então fico com ele enrolado em volta dos pés. Só estou lhe contando porque sinto que é um dever da minha consciência.

– Não, não! – grita Jacques –, traga imediatamente aquele sobretudo. Quero-o mesmo que esteja sujo e rasgado.

O vendedor, acostumado com os caprichos do seu cliente, não consegue entender a extravagância desse pedido. O desejo de possuir uma velha indumentária puída e gasta, a esta altura sem préstimo algum.

– Mas não posso, meu senhor, não me atrevo. Sempre procurei contentá-lo, mas isso já é demais, me deixa profundamente envergonhado.

Diante da insistência de Guérin, no entanto, acaba se rendendo.

– Precisarei criar coragem, mas, de qualquer maneira, farei o que me pede. Saiba, porém, que não quero nem um só franco.

IX

Quando, fechando os olhos, tento imaginar Proust, vejo-o envolto no seu sobretudo preto como é descrito por muitos que o conheceram. Até lendo a *Recherche*, quando quero dar um aspecto ao Narrador, não posso deixar de imaginá-lo encapotado no seu sobretudo forrado de lontra.

Entre 1901 e 1902, certa noite no Larue, na place de la Madeleine, Marcel se queixa do frio; um dos amigos mais queridos do grupo de aristocratas que frequenta, Bertrand de Fénélon executa a famosa acrobacia que no romance é atribuída a Saint-Loup: pula por cima dos encostos dos bancos revestidos de veludo vermelho, para trazer o sobretudo ao amigo que tiritava. A mesma cena irá repetir-se, em 1911, com Jean Cocteau, que ficará de pé à mesa do restaurante, arrebatado pelo ardor do discurso com que elogiava as qualidades de Vaslav Nijinsky, primeiro bailarino dos Balés Russos, para pegar o sobretudo do amigo resfriado – episódio a que Proust dedicou os seguintes versos:

Para cobrir-me de pele e de seda
Sem entornar a negra tinta dos seus grandes olhos
Como Sísifo ao teto ou esquiador na neve
Jean pulou na mesa, ao lado de Nijinsky.

Na *Prisonnière*, na recepção que madame Verdurin oferece em homenagem a Morel, Charlus se prontifica a buscar o sobretudo do Narrador resfriado, mas Brichot antecipa-se e vai no lugar dele, fica confuso e volta com o do barão, que o repreende: "Mas que raio de sobretudo você trouxe? Esse aí é o meu." E então, virando-se para o Narrador: "Jogue, mesmo assim, em cima dos ombros (...) Teria sido melhor eu mesmo ir. Mas sabe como é, meu caro, é algo bastante comprometedor. É como beber do mesmo copo, irei conhecer seus pensamentos!"

Desde a adolescência, Proust gostava de vestir-se com muito apuro, mas com um estilo muito particular. Como conta Léon Pierre-Quint, tinha "os requintes de um dândi já misturados com o desleixo de velho sábio medieval (...). Sob o colarinho dobrado, usava gravatas mal atadas ou largos *plastrons* de seda da Maison Charvet, de um rosa cremoso cuja nuança demorara a encontrar. Era suficientemente magro para dar-se ao luxo de coletes trespassados na frente. Uma rosa ou uma orquídea na lapela do redingote (...). Luvas claras, com pespontos pretos, muitas vezes sujas e amarrotadas, compradas nos Trois Quartiers, porque era o lugar onde também Robert de Montesquiou as comprava. Uma cartola de abas retas e uma bengala de passeio completavam a elegância desse Brummel um tanto selvagem. Mas, até nos dias mais quentes do verão, sempre vestia aquele pesado sobretudo forrado de pele, já lendário para aqueles que o conheceram". Marcel se vestia daquele jeito desde que tinha 20 anos. Nunca mudara de vestuário, dando portanto a impressão de que para ele o tempo parara. A sua imagem parecia ter-se fixado nos tempos da juventude, como que embalsamada. Para quem o via pela primeira vez, surgia como uma aparição, "um homem extremamente pálido encapotado num velho sobretudo forrado de pele (...); os fartos cabelos pretos cortados rentes na nuca, segundo a moda de 1905, levantavam atrás o chapéu-coco cinzento. A mão enluvada de cabrito brilhoso, cor de ardósia, segurava um bastão; as faces de marfim opaco sombreavam-se para baixo de um tom levemente azulado (...); os dentes eram grandes e bonitos; os bigodes salientavam os lábios marcados; as pálpebras escuras sobrecarregavam o olhar aveludado, profundo, velando o seu magnetismo" (Paul Morand, *Le visiteur du soir*). Marcel percorria o longo corredor do Ritz que levava à sala de jantar. Avançava com uma espécie de lerdeza atrapalhada, ou melhor, não avançava, mas "surgia", como diz Edmond Jaloux. Aparecia envolto em sua pesada pele bem no meio de maio, em plena primavera, como uma "Sombra nascida do vapor dos sufumígios, o rosto e a voz consumidos pela familiaridade com a noite" (Paul Morand, *Ode a Marcel Proust*).

Sentava-se a uma mesa, comia pouco, às vezes bebia. Certa noite tomou uma garrafa inteira de Porto 345. Uma marca de vinho mencionada no romance por monsieur de Cambremer, que, conversando com o doutor Cottard numa noitada na casa dos Verdurin, na Raspelière, alardeia suas qualidades para combater a insônia.

Em 1913, Cocteau retrata Proust metido em seu pesado sobretudo, o queixo escondido na gola de pele, na qual repousam os bigodes ainda pretos, bem como os cabelos que despontam do chapéu-coco. Na ponta das mangas, cruzadas na frente, aparecem as mãos enluvadas, enquanto no bolso esquerdo do sobretudo se vislumbra uma garrafa de água mineral, como conta Cocteau: "Voltava dessas excursões ao alvorecer, encapotado em seu sobretudo forrado de pele, lívido, os olhos roxos, inchados, com um litro de água de Evian enfiado no bolso (...)." No desenho são representados, com rápidos traços de lápis, os cabelos compridos, as olheiras profundas, as faces mal escanhoadas, a cabeça assentada no pescoço. Guérin, ao ficar de posse desse esboço que fazia parte do tesouro da chapeleira, emoldurara-o com um *passepartout* escuro, para salientar o papel marfim do desenho, nem desconfiando de que aquele sobretudo ainda estivesse circulando por aí para proteger da umidade de um rio os pés de um comerciante de coisas velhas.

Proust perambulava com seu sobretudo pelos luxuosos salões do imponente hotel de Place Vendôme. Ingressava na sala do restaurante, onde era cercado com curiosa avi-

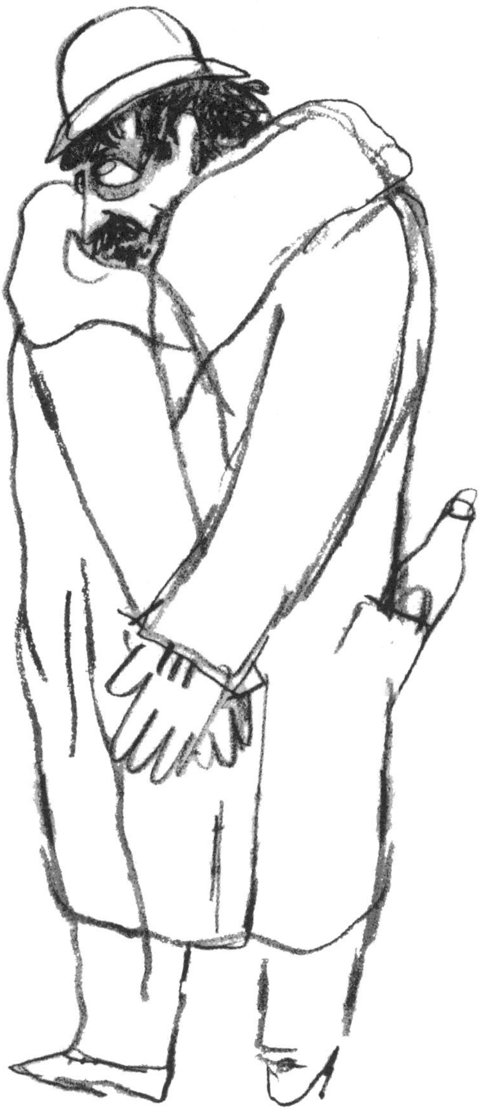

dez pelos olhares das mesas vizinhas, perfeitamente ciente de estar sendo observado, como, com sua habitual ironia, escreve a sir Philip Sassoon, neto do barão Gustave de Rothschild: "É dessa forma que um dos seus mais notáveis compatriotas me demonstrou a sua admiração dizendo: 'A mais profunda impressão que a minha esposa e eu guardamos de Paris é M. Proust.' Eu já estava muito feliz, mas cedo demais, pois acrescentou: 'Pois de fato é a primeira pessoa que vimos jantar vestindo um sobretudo forrado de pele.'"

Agora Jacques está de posse da última relíquia, a mais evocativa, a descrita nas memórias daqueles que tiveram o privilégio de ser amigos, ou pelo menos conhecidos do escritor. "Posso rever aquele quarto sinistro da rue Hamelin", escreve Mauriac, lembrando o seu encontro com o escritor em 26 de fevereiro de 1921, "a lareira enegrecida, aquela cama onde o sobretudo servia de cobertor, aquela máscara de cera através da qual o nosso anfitrião parecia nos observar enquanto comíamos, e na qual só os cabelos pareciam estar vivos (...)."

Guérin apalpa delicadamente o sobretudo, toca de leve as casas e os botões, que foram deslocados para se adaptar ao corpo mais jovem e mais magro do mercador de objetos usados. Os nós de espessa linha preta da velha abotoadura ainda são visíveis. Desce com a mão até a borda gasta, carcomida pelas águas do Marne.

Desabotoa a veste e apalpa a pele de lontra preta, a esta altura esmaecida, com manchas claras pela ausência de pelo onde se pode ver o avesso do tecido de lã. Apertando entre os dedos aqueles farrapos de pano puído e gasto, talvez experimente a mesma emoção de quando folheia as páginas de um volume raro ou os papéis amarrotados de um manuscrito que se considerava perdido. Alguma coisa passa através dos dedos e chega até ele. Jacques manda limpar o sobretudo, dá-lhe uma "refrescada", e encomenda uma caixa de teca para salvaguardá-lo das injúrias do tempo.

Uma vez acondicionado, a velha governanta escreve em cima: "Manteau de Proust."

X

Os anos passam e Jacques, além de bem-sucedido bibliófilo, também é um conhecido mecenas. O faro que usa nos seus laboratórios de química para identificar os novos perfumes de sucesso torna-o cada vez mais rico (durante a Segunda Guerra Mundial, foi uma verdadeira sensação o lançamento de *Intoxication*, o novo perfume inspirado numa mistura do mais puro jasmim e de rosas delicadas, guardado num longo e facetado frasco de vidro e apresentado num estojo que se abre como um leque). Mas o nariz também o guia entre os novos talentos que tem oportunidade de conhecer frequentando os ambientes artísticos e literários. Sente o constante impulso de "salvar" alguma coisa rara e preciosa. São os anos em que compra de Maurice Sachs, o autor do *Sabbat* (a quem Cocteau os vendeu para comprar ópio), os manuscritos dos romances de Radiguet, que depois doará à Biblioteca Nacional. O dele é um desejo irresistível, uma espécie de amor sensual pelas coisas. Uma atração que talvez ele, tão atento leitor de Proust, tenha sentido e percebido em suas mínimas sutilezas no relato que o escritor dá ao descrever o desejo que se experimenta por uma mulher com que sonhamos, e que não precisa necessariamente ser bonita para ser desejável. Uma longa passagem de *Sodome et Gomorrhe*, na qual Marcel compara este tipo de desejos com perfumes.

> Estes desejos são apenas o desejo de determinado ser: vagos como perfumes, assim como o benjoim era o desejo de Protireia; o açafrão, o desejo etéreo; os aromas, o desejo de Hera; a mirra, o perfume das nuvens; o maná, o desejo de Niké; o incenso, o perfume do mar. Mas esses olores cantados pelos Hinos órficos são muito menos numerosos do que as divindades que lhes são queridas. A mirra é o perfume das nuvens, mas do Protógono também, de Netuno, de Nereus, de Leto; o incenso é o perfume do mar, mas também da linda Diké, de Têmis, de Circe, das nove Musas, de Eos, de Mnemosine, do Dia, de Dikaiosyne. Quanto ao benjoim, ao maná e aos aromas, seria um trabalho ingrato enumerar todas as divindades que os inspiram, de tão numerosas. Anfitrite possui todos os perfumes afora o incenso, e Gaia só desdenha as favas e os aromas. E o mesmo acontecia com os desejos que eu sentia pelas jovens. Menos numerosos que elas, transformavam-se em desilusões e tristezas bastante parecidas entre si. Nunca quis a mirra. Deixei-a com Jupien e com as princesas de Guermantes, pois ela é o desejo de Protógono bissexual e de mugido taurino, de incontáveis orgias, memorável, indescritível, que vai ao encontro, feliz, dos sacrifícios dos orgiofantes (...).

Que linguagem familiar para Jacques! Durante o verão, Guérin mora numa encantadora casa de campo nos arredores de Chantilly, Le Paraclet-Sophie, em Luzarches, no Val-d'Oise. É nessa casa, planejada no fim do século XVIII por François-Joseph Bélanger para a soprano Sophie Arnould (a sua amante), que hospeda, protege, ajuda e anima Jean Genet recém-saído do cárcere. Em 1947, até lhe dedica um perfume, Divine, inspirado na figura e no nome do travesti de *Notre-Dame-des-Fleurs*. O escritor retribui dedicando-lhe *Querelle de Brest* com palavras que demonstram ter entendido muita coisa do seu benfeitor: "Não posso expressar-lhe melhor a minha gratidão senão com a felicidade que sinto ao conhecer um leitor para o qual o fetichismo é uma religião (...)". Genet apresenta-lhe Violette Leduc, que por sua vez publica, graças a Guérin, a edição de luxo de *L'affamée Isabelle*, recusada pelos editores devido ao seu conteúdo escandaloso e só publicada, com grande sucesso, em 1966.

Já vários anos se passaram e, enquanto isso, graças à ajuda financeira que deu à família Proust com a compra dos famosos papéis, Guérin conseguiu cair no gosto de Marthe e estabelecer com ela um relacionamento quase afetuoso. Madame Proust é uma dama gentil, onerada pelos desgostos familiares e pelas dificuldades econômicas. Não entendeu, não se dá conta exatamente do que o cunhado representa para a literatura. Nunca leu a *Recherche*. Para ela, Marcel é apenas um personagem perturbador que traiu a respeitabilidade da família e escreveu coisas inconvenientes. Mas Jacques talvez não saiba as coisas que nós sabemos e de que Marthe certamente desconfiava. A relação do professor Proust com a mãe, madame Dubois-Amiot, que levaram ao casamento com Robert, as amantes do marido e o relacionamento preferencial com madame Fournier. Se tivesse dedicado algum tempo aos papéis que jogara fora, teria encontrado uma *paperole* na qual o Narrador conta deste jeito a infidelidade de Cottard descoberta pela mulher depois da morte do médico. Uma correspondência revela à viúva que o marido nunca interrompera a relação a intervalos fixos com Odette de Crécy, e o Narrador procura consolá-la: "Uma vez que a traía, que tanto se esforçava para que a senhora não soubesse, é porque receava fazê-la sofrer, é porque a respeitava e preferia (...). No céu, ninguém mais que ele desejará ver de novo, senão a senhora." Proust certamente escreveu essas palavras pensando na mãe, mas Marthe não possuía a cultura nem a perspicácia de Jeanne. A viúva de Robert jogou tudo na fogueira logo depois de dar uma rápida olhada naqueles papéis. Só está interessada em apagar qualquer resquício de "indecência" que possa macular o decoro da família. Foi assim que se perderam as cartas de amor de Marcel, grande parte da sua correspondência social, e principalmente foram destruídos os rascunhos e as preciosas anotações do seu trabalho. Guérin ainda tem tempo de salvar os treze cadernos que faltam na obra completa (que venderá à Biblioteca Nacional), a parte final da *Recherche* que foi reescrita umas dez vezes, algumas cartas aos familiares, e particularmente os primeiros esboços do *Du Côté de chez Swann* publicado em 1913 por Grasset, corrigidos à mão por Proust, que em 7 de junho de 2000 serão vendidos por Christie's, em Londres, por uma quantia capaz de deixar qualquer pessoa estonteada.

O tempo passou e Jacques, que já não sente por aquela severa senhora a indignação e a censura de antigamente, acostuma-se a visitá-la de quando em vez, já ciente da absoluta boa-fé da mulher. É difícil abrir uma brecha no coração de Marthe, mas a esta altura há alguma familiaridade entre os dois e, graças à sua já conhecida curiosidade, Guérin descobre que a principal mágoa da mulher é a filha. Marthe conta que, com ela, Suzy é fria e impiedosa, e, bem no fundo da alma, Jacques concorda com ela, pois acha a jovem venal e interesseira.

As dificuldades econômicas forçaram a senhora a sair de casa. Teve de adaptar-se a alugar uma parte de uma grande mansão e a partilhar a entrada com os proprietários.

– Como poderão encontrar-me? – pergunta ansiosa a Guérin.

– Ponha o nome Proust na porta, ao lado da plaqueta dos donos da casa – sugere Jacques.

– Nunca! – responde indignada. – Nunca mais usarei esse nome.

Esse episódio, como Guérin contou depois a Carlo Iansiti, provocou um longo e acalorado bate-boca entre ele e Marthe. Em outra ocasião, quando a dama já é uma mulher idosa e Jacques, como de costume, vai visitá-la, ele toma coragem e pergunta:

— Mas afinal, madame, o seu cunhado era um gênio. Será possível que nunca tenha tido vontade de ler o seu romance?

E Marthe, com o tom seco e decidido da burguesa bem-criada, que não tem nenhuma dúvida acerca dos deveres da sua condição, responde com a voz estrídula de muitos anos antes:

— Ora, ora, senhor Guérin! Não passa de um amontoado de mentiras!

Também a Philip Kolb, o homem que dedicou boa parte da vida a coletar a enorme quantidade das cartas de Marcel, madame Proust dá uma resposta igualmente seca e esclarecedora a respeito do que pensa do cunhado. Diante dos insistentes pedidos do erudito americano para saber de anedotas e particulares, e principalmente das suas lembranças pessoais acerca do grande escritor, com sua costumeira maneira resumida de falar, dá esta lapidar opinião: "Monsieur, meu cunhado era um ser bizarro." Só isso.

XI

Là aussi il y a la mort qui a passé, a rendu tout aisé et tout inutile...

MARCEL PROUST, *Albertine disparue*

"No Père-Lachaise, os túmulos são livros escancarados, revelam sentenças", escreve Giuseppe Marcenaro em seu livro *Cemitérios*. No setor nordeste do cemitério parisiense, no túmulo número 90, sob a mesma laje de granito cinzento, repousam alguns importantes personagens desta história: o professor Adrien, a mulher Jeane Weil, os filhos Marcel e Robert. Com eles, ao lado, está sepultada Marthe Dubois-Amiot, condenada a ficar pela eternidade entre os membros de uma família à qual não queria mais pertencer.

Estamos agora em meados dos anos 1960. Jacques continua a ir e vir entre a casa em Val-d'Oise e a fábrica de perfumes d'Orsay em Puteaux. A vida permanece como antes, e os anos trouxeram-lhe novos amigos e novas aventuras. Certo dia, dando uma volta de carro por Chantilly, repara numa nova loja de antiquário ao longo do caminho. Curioso, como de costume, estaciona o carro e entra na loja. Atrás de uma mesa carregada de objetos, vê brilhar o sorriso cativante e atrevido do dono. Passaram-se trinta anos, mas não tem a menor dúvida: é ele, é Werner. Cumprimentam-se com o calor de dois velhos companheiros de aventuras que se reencontram após muito tempo. Começam a conversar e lembram com o mesmo entusiasmo de então as peripécias do sobretudo de Proust. Como costuma acontecer nesses casos, quase parece que o tempo não passou, e o prazer da lembrança induz Guérin a comunicar ao antiquário o seu juízo, a esta altura mais benévolo, a respeito de Marthe:

– Francamente – diz um tanto comovido –, que vida mais triste, a daquela pobre madame...

– Triste? – Werner explode numa gargalhada que ilumina seus olhos salientando o simpático rosto de rapaz de Pigalle. – Não diga uma coisa dessas! Só porque me deu de presente o sobretudo do cunhado para que me protegesse os pés da umidade e da água fria do Marne? Ora, meu bom amigo, se o senhor soubesse... Eu e madame...

E com a eloquência de um gesto, mais significativo do que qualquer palavra, deixa Jacques totalmente de queixo caído. O gesto, explícito até demais, subverte toda concepção que durante aqueles anos Jacques formara acerca de uma protagonista desta história, deixando-lhe vislumbrar ocultos cenários de paixão.

– Já se deram conta do que aquela Marthe... com o seu homem "faz-tudo"... – comenta nos anos seguintes ao contar a história do sobretudo aos amigos, entre os quais Marie-Odile Beauvais, que a relata em *Proust vous écrira*. Então,

com o costumeiro sarcasmo, acrescenta: "E, quando digo 'faz-tudo', entenda 'faz-tudo' mesmo."
E ri, ri com gosto.

Quando Jacques Guérin morreu, em 6 de agosto de 2000, estava com quase 100 anos. Tinha sido um dos mais importantes bibliófilos e, oito anos antes de morrer, decidira começar a vender a sua extraordinária coleção. Em 20 de maio de 1992, na sala La Paix do Hotel George V, em Paris, exatamente às três da tarde, são leiloados manuscritos e edições originais de Baudelaire, Apollinaire, Picasso, Hugo, Cocteau, Genet, Rimbaud e, obviamente, Proust. São vendidos, por quantias exorbitantes, esboços, cartas, fotos que como num passe de mágica haviam surgido da chapeleira naquela noite, na rue Berton. Esse homem, tão apegado às suas "conquistas", aos papéis salvos com tanta obstinação, aos objetos miúdos acariciados até chegar às raias do fetichismo, aos grandes personagens que podia até não conhecer, mas eram amados de forma obcecada e maníaca, esse homem que chegou a investigar, a confundir-se entre parentes e amigos só para apossar-se de uma lembrança, de um fragmento da vida do escritor, por mais de meio século manteve escondidos os seus tesouros.

Como um príncipe renascentista, viveu em seu castelo repleto de maravilhas. Em vão, o presidente da república francesa François Mitterand foi visitar o Paraclet-Sophie, esperando que a magnífica coleção fosse doada à nova Biblioteca Nacional que estava nascendo por vontade dele. Jacques portou-se com o ilustre hóspede como se portava

BIBLIOTHÈQUE JACQUES GUÉRIN

SEPTIÈME PARTIE

LIVRES
ET
MANUSCRITS
IMPORTANTS

PARIS

20 MAI 1992

Capa do catálogo dos manuscritos da coleção Guérin, 20 de maio de 1992.

com todos: grande cortesia, magnífica acolhida, ótima conversa. Mas o roteiro continuava o mesmo: quando o hóspede chegava a mencionar o motivo que o levara até ali, o dono da casa interrompia-o gentilmente exclamando, com falsa surpresa: "Ora, mas que pena! A conversa foi tão agradável, que acabamos não reparando que já está ficando escuro. Já é tarde demais para lhe mostrar... ou para tratar de... Quem sabe outra vez."

Giuseppe Marcenaro, também escritor e grande colecionador, só consegue ser recebido em Luzarches após muito esforço. Deseja consultar e, se possível, pegar emprestados alguns papéis raros: "Sempre fiquei imaginando por que consentia em nos receber", lembra. "Talvez para confirmar diante das visitas, quem sabe a si mesmo, o ciúme daquela tradição à qual julgava pertencer; e para declarar a inefável defesa das próprias paixões, emoções, dores, alegrias e esperanças que surgiam dos manuscritos coletados ao longo de uma vida inteira quando, na mais completa solidão, contemplava-os como reflexo da própria existência. O amigo mercador de manuscritos já me tinha avisado", conta. "Poderia até não nos mostrar coisa alguma. E foi o que aconteceu. A mui delicada rispidez mostrada por aquele homem com mais de 80 anos, que aparentava ter pelo menos vinte a menos, permitia-lhe mentir impunemente: foi o que ele fez quando, com extremo cuidado, pedi emprestados, para a mostra dedicada a Rimbaud, os manuscritos que ele guardava: dez poesias e a obra inteira, autografada, de *Une saison en Enfer*: nem sequer o orgulho

Jacques Guérin

da posse o induziu à sinceridade. Negou tê-los. Apareceram anos depois, no leilão em 17 de novembro de 1998, oitava sessão da venda da Bibliothèque Guérin..."

Por mais de cinquenta anos, Jacques manteve escondidos os seus tesouros, e de repente decide livrar-se, pouco a pouco, deles, sabendo que tudo passa, tudo desaparece. Amou suas conquistas com uma paixão visceral e, de posse delas, guardou-as trancafiadas sem mostrá-las a ninguém, só para o seu próprio prazer. "Quando um homem ama uma mulher, não a compartilha com os outros", declarou a Franco Marcoaldi, numa entrevista. "Foi o que fiz com os meus tesouros: como Barba Azul com suas mulheres, tranquei-os no porão!"

Agora, à beira do novo século, Jacques, esse velho misterioso e indecifrável para quem, como eu, não o conheceu, apagada toda paixão, pode serenamente separar-se das coisas amadas: "A minha coleção é como um balão aerostático", diz a Marcoaldi, "os anos passam e eu voo para o céu."

Conclusão

Não conhecemos os nomes de quem, com o mesmo zelo, guarda agora os esboços, as cartas e os *brouillons* de Marcel, comprados a peso de ouro.

Mas, se alguém ficar com vontade, em Paris, de dar um pulo até o museu Carnavalet, não hesite em subir a bonita escadaria da casa que já pertenceu a madame de Sévigné. Nos andares superiores, encontram-se as salas dedicadas à capital francesa no começo do século XX. Depois de passar por algumas, chega-se a um estreito corredor. Procurem dar uma olhada rápida à sua direita onde foi montado o quarto de dormir que já foi de madame de Noailles, claro, luminoso, com a elegante cama estilo Luís XVI, e demorem-se mais, por sua vez, no seguinte.

O aposento está protegido por um amplo vidro, com uma plaqueta ao lado informando que os móveis expostos pertenciam ao quarto de Marcel Proust e foram doados por monsieur Jacques Guérin. O panfleto que provavelmente

Museu Carnavalet

compraram na entrada explicará que "os móveis e os objetos expostos acompanharam Marcel Proust nas três moradias que ocupou após a morte dos seus pais, a partir do momento em que, depois de uma juventude frívola, ficou cada vez mais afastado do mundo para dedicar-se exclusivamente à escrita. Uma vez que tinha o hábito de escrever à noite, deitado, é nesta simples cama de latão que compôs a maior parte de *À la recherche du temps perdu*, uma das obras fundamentais da literatura universal". Arranjados com meticuloso cuidado, com a mesma arrumação que tinham no apartamento da rue Hamelin, ainda podem ser vistos alguns dos protagonistas desta história: a cama de latão coberta pela colcha de cetim azul; a estante dos livros e a escrivaninha, pretas e solenes; os castiçais de madeira dourada; o rosto sério e carrancudo do professor Adrien Proust, sentado numa poltrona renascentista, num quadro atribuído a Laure Brouardel; e, arrumados numa mesinha, os objetos miúdos e preciosos, a Legião de Honra, o prendedor de gravata Cartier e, ao lado da cama, a bengala de passeio revestida de pele de javali; no chão, o tapete antigo que Jacques vira no chão muitos anos antes.

Alguém poderia perguntar qual é o sentido de ficar olhando para aqueles móveis que, nem feios nem bonitos, jazem estáticos diante dos olhos do visitante, e por que um culto e requintado cavalheiro se dedicou com paixão a salvá-los do descuido e da destruição.

A resposta já pode ser encontrada nas primeiras páginas da *Recherche*:

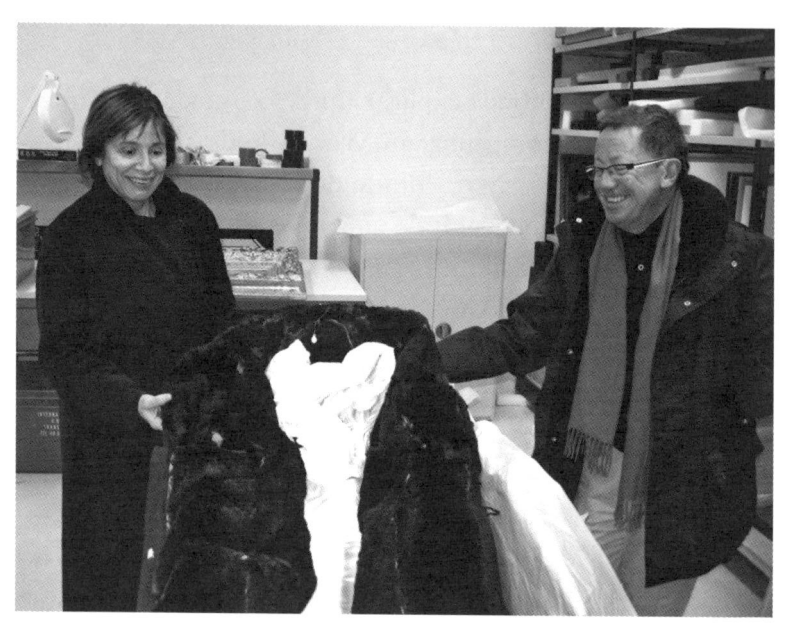

Lorenza Foschini e Jean Marc-Léri no Museu Carnavalet

Talvez a imobilidade das coisas que nos cercam lhes seja imposta pela nossa certeza de que se trata realmente daquelas coisas, e não de outras, pela imobilidade do nosso pensamento em relação a elas. Eu só sei que, ao acordar desse jeito, o meu espírito se agitava tentando, sem conseguir, saber onde eu estava, com tudo, objetos, países, anos, a rodar vorticosamente à minha volta, no escuro (...). Esse confuso turbilhão de evocações nunca durava mais que alguns segundos; muitas vezes a minha breve incerteza acerca do lugar onde me encontrava não separava umas das outras as várias suposições de que era composta, assim como, ao vermos correr um cavalo, não conseguimos isolar as posições sucessivas que o cinetoscópio nos mostra. Mas, depois de rever um pouco de um e de outro quarto onde morara na minha vida, acabava lembrando-me de todos durante os longos devaneios que se seguiam ao meu acordar (...).

O hábito! Decorador esperto mas terrivelmente lento, que começa deixando sofrer o nosso espírito por semanas e mais semanas num arranjo provisório, mas que o próprio espírito, apesar de tudo, aceita com alegria, pois sem a ajuda do hábito, só contando consigo mesmo, seria totalmente incapaz de tornar uma casa habitável.

Claro, agora eu estava bem desperto, o meu corpo tinha dado uma última reviravolta, e o bom anjo da certeza interrompera o rodopiar das coisas ao meu redor, ajeitara-me embaixo dos cobertores, no meu quarto, e deixara mais ou menos no seu lugar, na escuridão, a minha cômoda, a escrivaninha, a janela para a rua e as duas portas.

No museu Carnavalet, cada coisa é arrumada do jeito que Proust a via ao acordar. Mas, se fosse permitido ao visitante aproximar-se da cama de latão e apalpar com a ponta dos dedos a desbotada colcha azul, ele perceberia com surpresa que falta um retângulo de pano.* Jacques, na hora de mandar sair os móveis da sua casa rumo ao museu, recortou uma tira daquele tecido, emoldurou-a e, como me contou René de Ceccatty, que a viu, guardou-a pendurada na parede ao lado do seu quarto de dormir, como uma relíquia, da mesma forma que os fiéis da Idade Média guardavam zelosamente para si um pedaço milagroso da roupa do santo. No mais, cada coisa está no devido lugar como antigamente, a não ser o sobretudo.

---
* Atualmente a colcha, totalmente gasta, foi substituída.

O sobretudo já não está lá. Uma etiqueta colocada embaixo, ao lado da poltrona, presente dos herdeiros de Reynaldo Hahn a Guérin para que cuidasse dela, informa que as condições do sobretudo de Marcel Proust não permitem a sua exibição.

Como vimos no começo desta história, o sobretudo repousa numa longa caixa de papelão nos porões do museu, acolchoado entre folhas de papel de seda.

Bibliografia fundamental

ALBARET, Céleste. *Monsieur Proust*. Paris: Laffont, 1973.
BEAUVAIS, Marie-Odile. *Proust vous écrira*. Paris: Melville, 2004.
BENJAMIN, Walter. *Oeuvres*. Paris: Gallimard, vol. II, 2005.
BIBESCO, Marthe. *Al ballo con Marcel Proust*. Palermo: Sellerio, 1978.
BLOCH-DANO, Evelyne. *Madame Proust*. Paris: Grasset, 2005.
BONGIOVANNI BERTINI, Mariolina, introdução a *Marcel Proust, Scritti mondani e letterari*. Turim: Einaudi, 1984.
CABRÉ, Monique. *La legende du chevaier d'Orsay/Parfums de dandy*. Tolosa: Edition Milan, 1977.
CHALON, Jean. *Journal de Paris*. Paris: Plon, 2000.
COCTEAU, Jean. *Journal d'um inconnu*. Paris: Grasset, 1959.
_____. *Opium*. Paris: Stok, 1930.
_____. *La difficulté d'être*. Paris: Morihien, 1947.
GALATERIA, Daria. Introdução a *Ritorno a Guermantes*. Pordenone: Studio Tesi, 1988.
JALOUX, Edmond *Avec Marcel Proust*. Genebra: Palatine, 1953.
JANSITI, Carlo. *Violette Leduc e Jacques Guérin em L'amour fou*. Paris: Maren Sell, 2006.
_____. *Violette Leduc*. Paris: Grasset, 1999.
_____. "Le Roman balzacien des souvenisrs de Proust", *Le Figaro Littéraire*. Paris: 14 de março de 1988.
LEDUC, Violette, *Correspondance*, aos cuidados de Carlo Jansiti. Paris: Gallimard, 2007.
_____. *La folie em Tetê*. Paris: Gallimard, 1994.

_____.*L'affamée*. Paris: Gallimard, 1948.
LIAUT, Jean-Noel. *Madeleine Castaing*. Paris: Payot & Rivages, 2008.
MARCENARO, Giuseppe. *Cimiteri – Storie di rimpianti e di follie*. Milão: Bruno Mondadori, 2008.
MARCOALDI, Franco. "Proust va al bordello", *La Repubblica*. Roma, 2 de abril de 1992.
MAURIAC, François. *Du côté de chez Proust*. Paris: La Table Ronde, 1947.
MAURIAC-DYER, Nathalie *Robert Proust et La Nouvelle Revue Française*, Paris, Gallimard, "Les cahiers de la NRF", 1999.
MORAND, Paul. *Tendres stocks*. Paris: Gallimard, 1921.
_____. *Le visiteur du soir*. Genebra: Palatine, 1949.
PAINTER, George D., *Marcel Proust*. Milão: Feltrinelli, 1970.
PÉCHENARD, Christian. *Proust et son père*. Paris: "Quai Voltaire", 1993.
QUINT, Léon Pierre-. *Marcel Proust, sa vie, son oeuvre*. Paris: Editions du Sagittaire, 1925.
SATIE, Erik. *Correspondance presque complete*, aos cuidados de Ornella Volta. Paris: Fayard, 2000.
SOUPAULT, Robert. *Marcel Proust du côté de la medicine*. Paris: Plon, 1967.
TADIÉ, Jean-Yves. *Proust*. Paris: Gallimard, 1999.
_____. *Proust/L'opera, la vita, la critica*. Milão: Net Il Saggiatore, 2000.
THOMPSON, Valentine. "My cousin Marcel Proust". Nova York: *Harper's Magazine*, maio de 1932.
WHITE, Edmund. *My lives*. Roma: Playground, 2007.
_____. *Ladro di stile/Le diverse vite de Jean Genet*. Milão: Net Il Saggiatore, 2006.

OBRAS DE MARCEL PROUST

Em busca do tempo perdido, tradução de Mário Quintana. Porto Alegre: Ed. Globo, 3 vols. 1948-1950.
À la recherche du temps perdu. Edição publicada por Jean-Yves Tadié. Paris: Gallimard, "Bibliothèque de la Pléiade", 4 vols. 1978-1989.
Correspondance de Marcel Proust, texto estabelecido por Philip Kolb, Plon, 1970-1992.
Lettres (1879-1922). Prefácio de Katherine Kolb. Paris: Plon, 2004.
Prefácio a *Sésamo e os lírios* de John Ruskin. Milão: Editoriale Nuova, 1982.
Bibliothèque Jacques Guérin/*Livres et manuscrits importants*, catálogo do leilão que se deu no Hotel George V em 20 de maio de 1992, sob a direção de J. Tajan. Paris: 1992.

Agradecimentos

Agradeço a Piero Tosi o fato de contar-me esta história extraordinária. A Carlo Iansiti, que conheceu profundamente Jacques Guérin e me repassou particulares indispensáveis, sem os quais eu nunca poderia ter escrito este livro. Também estou agradecida a Jean-Marc Léri, diretor do museu Carnavalet, que me deixou ver várias vezes o sobretudo de Proust; a Silvio Levi, presidente da Calé Parfums, que me proporcionou a chance de conhecer melhor a atividade de Guérin; a Giuseppe Girimonti Greco por suas sugestões linguísticas e à Editora Portaparole, que foi a primeira a publicar este livro.

Um agradecimento especial vai para Andrea Carandini, que, com amizade e, principalmente, com a paciência de um grande arqueólogo, cavou fundo nas entranhas deste livro oferecendo-me seus preciosos conselhos, e para Benedetta Craveri, que, depois de lê-lo, me animou e estimulou.

Impressão e Acabamento:
GRÁFICA STAMPPA LTDA.
Rua João Santana, 44 - Ramos - RJ